Leopold Witte

Das Evangelium in Italien - ein zeitgeschichtlicher Versuch

Leopold Witte

Das Evangelium in Italien - ein zeitgeschichtlicher Versuch

ISBN/EAN: 9783743445390

Hergestellt in Europa, USA, Kanada, Australien, Japan

Cover: Foto ©ninafisch / pixelio.de

Manufactured and distributed by brebook publishing software
(www.brebook.com)

Leopold Witte

Das Evangelium in Italien - ein zeitgeschichtlicher Versuch

Das

Evangelium in Italien.

Ein zeitgeschichtlicher Versuch

von

Leopold Witte.

Gotha.
Verlag von Rudolf Besser.
1861.

Vorwort.

Während die ganze Welt den Fortgang der politischen Entwicklungen auf der italienischen Halbinsel mit gespannter Aufmerksamkeit begleitet, verläuft ebendaselbst eine andere Bewegung und gewinnt allmälig immer bedeutenderen Umfang, die in unserem deutschen Vaterlande noch äußerst geringe Beachtung gefunden hat: die Evangelisation Italiens. Schon seit mehreren Jahrzehnten durch das Werk der Bibelgesellschaften vorbereitet, hat dort die evangelische Bewegung in neuerer und neuester Zeit Dimensionen angenommen, welche wohl die rege Theilnahme auch der protestantischen Kirchen Deutschlands auf sich lenken sollten. Daß dieß bisher in so geringem Maße geschehen ist, daran trägt wohl der Umstand die Hauptschuld, daß so selten zusammenhängende Mittheilungen über den wirklichen Zustand der

evangelischen Gemeinden Italiens in die Oeffentlichkeit
gekommen sind. Man weiß eben fast nichts darüber. Und
darum haben sich auch so viele falsche und einseitige Urtheile
in den weitesten Kreisen verbreiten können.

Dem Verfasser der vorliegenden Schrift nun wurde
das Glück zu Theil, nach einem längeren Aufenthalte in
der Metropole des Katholicismus durch eigne Anschauung
mehrere evangelische Gemeinden Toscana's und Piemonts
kennen zu lernen, mit den bedeutendsten Leitern der Bewegung in persönlichen Verkehr zu treten. Nach Deutschland zurückgekehrt, schmerzte es ihn, so viele Vorurtheile
und unbegründete Bedenken gegen die italienischen Protestanten aussprechen zu hören, und er glaubte es diesen letzteren schuldig zu sein, als Zeuge für sie aufzutreten und,
so viel in seinen Kräften steht, sich jenem Vorurtheile zu
widersetzen. Aber um eine gründliche Kenntniß des gegenwärtigen Zustandes zu ermöglichen, schien es ihm unbedingt
nothwendig zu sein, daß auch die Vergangenheit, die Geschichte der evangelischen Bewegung in Italien seit ihrem
Ursprunge, mit in den Kreis der Betrachtung gezogen werde.
Es werden daher manche Leser Dinge ausführlich erzählt

finden, die ihnen schon bekannt sind. Dennoch darf Verf. hoffen, auch Solchen manches Neue zu bieten, da ihm Quellen zu Gebote standen, welche schwerlich ihren Weg in viele Kreise Deutschlands gefunden haben. Er verdankt dieß zum großen Theil der Güte des Herrn Dr. Lic. Böhmer in Halle, der ihm mit freundlicher Bereitwilligkeit seine auf diesem Gebiete gesammelten Schriften zur un= beschränkten Benutzung mitgetheilt hat. Es gereicht dem Verfasser zur großen Genugthuung, seinen herzlichen Dank hierfür öffentlich auszusprechen.

So sehr auch in dem Vorliegenden die möglichste Voll= ständigkeit angestrebt wurde, so ist doch vielleicht Manches unbeachtet geblieben, was noch der Erwähnung werth wäre. Für jede Notiz, die man ihm gütig mittheilte, würde Verf. sehr dankbar sein.

Als das Manuscript schon zum Drucke befördert war, kam mir ein Schriftchen von 21 Seiten zu: „Die freien evangelischen Gemeinden in Italien. Nach ihren Grund= zügen dargestellt von Karl Schwenk, Lehrer der neuern Sprachen in Mailand. Ludwigsburg, Riehm, 1860." Leider habe ich aus ihm durchaus nichts Neues entnehmen können. Wer die evangelischen Gemeinden Italiens nicht sonst schon · kennt, erhält auch durch dieses Schriftchen nur ein verschieftes Bild.

Und nun möge das kleine Büchlein hinausgehen und Gottes Segen es begleiten! Verfasser würde ihn darin erkennen, wenn nur einige Wenige ein warmes Herz für die evangelischen Brüder in Italien faßten und ihre Theilnahme auch durch die That erwiesen.

Halle, den 31. October 1860.

L. W.

„Wenn der Herr fortfährt, so wie er begonnen hat, die Verbreitung der fröhlichen Botschaft von der Versöhnung und Gnade zu begünstigen, so werden wir noch die ganze Welt mehr denn zu einer früheren Zeit nach diesem Zufluchtsort und dieser Feste, nach Jesu Christo, ihrem Fürsten, und ihren drei Thürmen, Glaube, Hoffnung und Barmherzigkeit, strömen und noch mit eignen Augen das Reich Gottes weit über das Reich vergrößert sehen, welches der Feind der Menschheit nicht durch seine eigne Macht, sondern durch Zulassung Gottes erlangt hat."

Dieses sind Worte, welche vor nun dreihundertzwanzig Jahren Celio Secundo Curione, ein zum Evangelium bekehrter Italiener, niederschrieb, als er umherschaute auf die wunderbaren Erfolge, welche die evangelische Wahrheit in der europäischen Welt und seinem engern Vaterlande im Besondern davon getragen hatte. Es war die Zeit, in welcher Sadolet, der Cardinal und Bischof von Carpentras, klagte, „daß in Italien ein beinahe allgemeiner Abfall von der Kirche stattfinde", in welcher Cardinal Caraffa (der Mann der Inquisition und nachherige Papst Paul IV.) Paul III. anzeigte, „daß ganz Italien von der lutherischen Ketzerei angesteckt sei, daß nicht allein Staatsmänner, sondern auch viele Geistliche zu ihr übergetreten wären". Von dem Rande der Alpen bis hinab nach Calabrien und den sicilischen Gewässern, von Venedig bis Palermo war die Kunde von der freien Gnade Gottes in Christo gelaufen; fast jede Stadt Italiens hatte ihre Bekenner; in alle Stände war das Evangelium gedrungen; allein 3000 Schullehrer verkündigten mit mehr oder weniger freudigem Aufthun des Mundes die neue und doch alte Predigt*) — Rom selbst, die Metropole

---

*) nach einem Inquisitionsbericht bei Ranke, die römischen Päpste, Band I, S. 140.

der katholischen Macht, konnte sich dem Andrange dieser gewaltigen Geistesströmung nicht verschließen. Das Wort Gottes fand überall zerschlagene Gewissen, an denen es sich wohl bewies vor Gott.

So schien auch für Italien zu gelten, was Luther über Deutsch=land sang:

> Der Sommer ist hart vor der Thür,
> Der Winter ist vergangen,
> Die zarten Blümlein gehn herfür:
> Der hat das angefangen,
> Der wird es auch vollenden.

Aber es sollte nicht so sein. In seinem unerforschlichen Rathschluß ließ Gott dem Feinde Raum; das Geheimniß der Bosheit durfte frei offen herausbrechen. Und nun wurde das unglückselige Land einem Gerichte hingegeben, dessen letzte und furchtbarste Stadien sich erst noch in der Zukunft offenbaren werden.

Schon seit dem ersten Auftauchen der evangelischen Regungen in Italien hatte eine fortwährende Reaction von Seiten der katho=lischen Kirche dagegen stattgefunden. Bedrückungen, Verfolgungen, Verläumdungen, Vermögensentziehungen, auch Kerkerstrafen waren angewandt worden, um das neue Leben zu tödten. Aber vergebens; je mehr man es drückte, desto mehr breitete es sich aus. Da wurde denn im Jahre 1543 auf Rath des Cardinal Caraffa von Rom aus über ganz Italien eine Verfolgung des evangelischen Glaubens organisirt, wie sie die Welt noch nicht gesehen hatte. Nur die gleichzeitigen Heldenthaten der Inquisition in Spanien können einen Vergleich aushalten. Am 1. April 1543 verlieh Paul III. durch eine Bulle sechs Cardinälen den Titel und die Rechte von General=inquisitoren und gründete zu Rom eine Congregation des heiligen Officiums, welches alle Ketzerangelegenheiten untersuchen, verdächtige Individuen aller Stände einsperren sollte u. s. w. Wohl waren auch über die alte Kirche alle Wetter der blutigsten Bedrückungen gegangen. Man floh in Berge und Wälder und Höhlen und ent=rann am Ende doch nicht den grausamsten Qualen eines schmäh=lichen Todes. Aber diese Verfolgungen erstreckten sich doch meistens nur auf kleine Theile der römischen Monarchie, oder wenn sie auf Befehl der Kaiserlichen Regierung durch das ganze römische Reich gingen, so dauerten sie doch immer nur eine kurze Zeit. Zwischen den großen allgemeinen Christenverfolgungen unter Septimius Severus (193—211), Decius (249—251), Diocletian (284—305) lagen immer lange Jahre des Friedens und der religiösen Duldung, in welchen die Kirche sich wieder festigen und für neue Verfolgungen frische Kräfte sammeln konnte.

Nicht so in Italien während des 16. Jahrhunderts. Die römische Inquisition wüthete unablässig fast ein halbes Jahrhundert gegen die evangelischen Christen und gegen Alle, die auch nur in dem leisesten Verdachte standen, sich den protestantischen Anschauungen genähert zu haben. Ganze Schaaren von Protestanten zogen, seit Bernardino Ochino und Pietro Martire 1542 den Weg gezeigt, jährlich über die Alpen und suchten in friedlicheren Ländern Schutz ihrer religiösen Ueberzeugungen und ein oft nur sehr spärliches Unterkommen. „Es gab keine Stadt von einiger Bedeutung in Italien, aus der sich nicht Geflüchtete in irgend einem Theile des protestantischen Europa befanden*)." Wer nicht fliehen konnte oder seinem Vaterlande den Rücken nicht kehren wollte, war gewiß, doch endlich der Inquisition in die Hände zu fallen, nachdem er vielleicht unstät wie ein gescheuchtes Reh von einer italischen Stadt zur andern geflüchtet, einen fremden Namen nach dem andern angenommen, in immer neue Verkleidungen sich verhüllt hatte. Rom aber kannte kein Erbarmen. Wer nicht unbedingt widerrief und seinen blinden Gehorsam gegen die katholische Kirche bekannte, war dem Tode verfallen. Und wohl dem, der noch schnell sein Märtyrerende in den Flammen fand. Das Inquisitionscollegium des heiligen Officiums war erfinderisch. Gar manches edle Opfer hat unter den Qualen der Tortur seinen Geist ausgehaucht, oder ist in langem Siechthum in den elenden Kerkern dahingeschmachtet, in welchen man oft als „Lutheraner" Verdächtige zum abschreckenden Exempel für Andere einsperrt hielt. Die Durchforschung der Inquisitionsgebäude zu Rom, welche auf den Antrag Sterbini's,

---

*) M'Crie, Geschichte der Reformation in Italien, deutsch von Friederich, 1829, S. 230.

des Ministers der römischen Republik von 1849, vom 27. März
des genannten Jahres an stattfand, hat haarsträubende Greuel zu
Tage gefördert*); und ähnliche Gebäude im übrigen Italien werden
gleiche Schrecknisse verbergen. Die ausgesuchten Martern, welche
nur heidnisch-teuflische Lust zu ersinnen im Stande scheinen sollte,
finden sich auch im katholischen Italien des 16. Jahrhunderts. Es
ist vorgekommen, daß, wie ein Gleiches aus der Neronischen Christen-
verfolgung berichtet wird, ein gewisser Bernardino Conte in Co-
senza um seines protestantischen Glaubens willen mit Pech bestrichen
und dann öffentlich vor den Augen des Volks verbrannt worden
ist**). Ein Anderer — Marzone war sein Name — wurde nackt aus-
gezogen, mit eisernen Ruthen gepeitscht, durch die Straßen geschleift
und dann mit Fackeln todtgeschlagen. Einer seiner Söhne, ein
Knabe, welcher dem zu seiner Bekehrung gemachten Versuche wider-
standen hatte, wurde auf die Spitze eines Thurmes geführt, von
dem sie ihn hinabzustürzen drohten, wenn er das ihm vorgehaltene
Crucifix nicht umarmen wollte. Er weigerte sich dessen, und der
aufgebrachte Inquisitor befahl, ihn augenblicklich hinabzuwerfen.
In Montalto in Calabrien sperrte man am 11. Juni 1560 die
„Lutheraner" alle in ein Haus wie in einen Schafstall. Der
Nachrichter ging hinein und brachte Einen heraus, und nachdem
er ihm das Gesicht mit einem Tuche verbunden hatte, führte er
ihn auf einen freien Platz nahe beim Hause, ließ ihn niederknieen
und schnitt ihm die Kehle mit einem Messer ab. Er nahm ihm
hierauf das blutige Tuch ab und holte sich einen Andern, den er
auf dieselbe Weise umbrachte. Auf diese Art starben Alle, 88 an
der Zahl! Die Leichname wurden dann geviertheilt und von einem
Ende Calabriens bis zum andern an den öffentlichen Heerstraßen
aufgehängt. Tags darauf legte man hundert erwachsene Frauen
auf die Folter und richtete sie dann hin***).

---

*) Vergl. Coup d'oeil général sur les inquisitions européennes par
M. Léonard Gallois, Paris 1851, p. 7 ss., und De Sanctis, Papst-
thum und Jesuitismus in Briefen aus Rom, deutsch von Keller, 1859, S. 153 ff.
**) M'Crie a. a. O. S. 254.
***) Ebenda, S. 255 ff.

Dergleichen Beispiele ließen sich noch zu Hunderten und aus allen Theilen Italiens anführen. Es genüge, nur noch Eine massenhafte Verfolgung zu erwähnen, die gegen drei Waldensercolonieen, la Guardia, Baccarizzo und San Sisto im Neapolitanischen, gerichtet war, Gemeinden von zusammen etwa 4000 Seelen*). Auf das Gerücht von der neuen, mit der ihrigen übereinstimmenden und sie ergänzenden Lehre hatten sie sich von Genf aus Prediger schicken lassen. Im Jahre 1560 brach über sie die Verfolgung aus. Man sandte auf die in die Apenninen, in Wälder und Höhlen sich Flüchtenden Compagnien königlicher Soldaten und ließ eingefangene Banditen und wegen grober Verbrechen Proscribirte gegen sie los, welche sich durch diesen verdienstvollen Kreuzzug gegen die Ketzer völlige Verzeihung erwirkten. Die beiden Gemeinden wurden vollständig ausgerottet. Und wie mußten doch Katholiken selbst über sie urtheilen? „Ich wüßte nicht", schreibt ein wohlmeinender katholischer Augenzeuge obiger Greuelthaten, „daß sie sich übel betrügen, denn sie sind ein einfaches und ununterrichtetes Volk, das sich ganz allein mit dem Spaten und dem Pfluge beschäftigt und sich, wie mir erzählt wurde, auf dem Todbette ziemlich religiös gesinnt zeigt"**). Und Tommaso Costo, ein neapolitanischer Geschichtschreiber jenes Zeitalters, giebt ein noch gewichtigeres, weil feindlich gemeintes, Zeugniß ab: „Es ist sonderbar, was man von der Hartnäckigkeit der Ketzer hört; während der Vater den Sohn und der Sohn den Vater hinrichten sieht, bezeugen sie nicht allein keinen Schmerz, sondern äußern fröhlich, daß sie Engel Gottes werden würden. So sehr hat der Teufel, dem sie sich hingegeben haben, sie verblendet"***).

Die angeführten Thatsachen werden genügen, um zu erklären, wie im Lauf des 16. Jahrhunderts auch fast jede Spur der protestantischen Regungen in Italien hat vernichtet werden können.

---

*) Vergl. Pietro Giannone, Istoria civile del regno di Napoli, Italia, 1821, Tom. VII, p. 111 ss.

**) M'Crie, a. a. O. S. 257.

***) Tommaso Costo, Compendio dell' istoria di Napoli, II, p. 257 (bei M'Crie S. 257).

Man denke sich dieses systematische Inquisitionsverfahren als unter
der Regierung von sechs gleich eifrigen Päpsten (Paul III., der
die Inquisition 1543 einrichtete, Julius III. [Marcellus II.],
Paul IV., Pius IV., Pius V. und Gregor XIII. bis 1585) in
nie ablassendem Fanatismus fortgesetzt, und man wird aufhören,
sich auf das Ersticken des Protestantismus im 16. Jahrhundert zu
berufen zum Beweise für die Behauptung, daß die Italiener über=
haupt für das Evangelium, wie es sich der protestantischen Kirche
dargestellt hat, unempfänglich seien. Man wird mit etwas mehr
Vorsicht den Satz aufstellen: die romanischen Völker müssen im
Katholicismus religiös erzogen werden; der Protestantismus ist
nur für die Germanen. Es ist freilich richtig, die Zahl der Ver=
läugnungen von Seiten evangelischer Italiener ist nicht gering
gewesen. Bei der weitverbreiteten heidnischen Aufklärung des da=
maligen Italiens bargen sich viele unreine Elemente hinter die
Hülle des Protestantismus, der eine größere Freiheit zu gestatten
schien; und solche Leute mußten bald sich ärgern und abfallen,
wenn sich Trübsal und Verfolgung erhob um des Wortes willen.
Aber dagegen stehen unzählige leuchtende Züge des triumphirenden
christlichen Zeugenglaubens unter Jung und Alt, Mann und Weib,
Hoch und Gering; Züge der rührendsten kindlichen Gottergebenheit,
einer edeln Opferfreudigkeit, eines allen Drohungen und den teuf=
lischesten Qualen Trotz bietenden Heldenmuthes, der den Himmel
offen sehenden Jesusliebe, die um Seinetwillen Alles dran giebt,
Alles duldet.

Und wenn in der That endlich in Italien der letzte Funke des
evangelischen Feuers ausgelöscht wurde, so brannte es doch fort in
den Schaaren von Italienern, die im Auslande eine neue Heimath
gefunden hatten. Sie wurden zum Theil ein Salz für die im
Frieden lässig gewordenen Gemeinden, zu denen sie sich geflüchtet
hatten. So geschah es z. B. in den zahlreichen protestantischen
Ortschaften Graubündens. Noch heutiges Tages bestehen in Grau=
bünden neun italienisch reformirte Gemeinden mit einer Bevölkerung
von etwa 2700 Seelen. Das damals zu demselben Canton ge=
hörige Vältlin nebst Chiavenna und Bormio ist fast ausschließlich

von Italienern protestantisirt worden, und die evangelischen Be=
wohner desselben blieben treu bis zu dem furchtbaren Blutbade
von 1620, in welchem alle Protestanten ohne Unterschied von den
Katholiken ermordet wurden. Die aus Locarno vertriebene Ge=
meinde hat noch lange in Zürich, wo man sie aufgenommen hatte,
fröhlichen Bestand gehabt, bis sich die Italiener, bei abnehmendem
Zuzug aus der Heimath, allmälig unter die schweizerische Einwohner=
schaft vermischten und auch den getrennten kirchlichen Charakter
verloren. Einige der vornehmsten Familien des heutigen Zürich
stammen von jenen Vertriebenen her, welche auch in Handel und
Wandel, durch Seidenbetrieb, Mühlenbau, Errichtung von Färbereien
u. s. w., einen thatsächlichen Dank für die genossene Gastfreundschaft
abstatten konnten. Ebenso war es in Genf, wo seit 1542 eine
italienische Gemeinde bestand. Wir erinnern nur an die allgemein
rühmlichst bekannten Namen mehrerer italienischer Flüchtlings=
familien, die noch dem heutigen Genf zur Zierde gereichen, Namen
wie Diodati, Turretini, Minutoli, Butini, Burlamacchi, Calandrini
u. A. In Augsburg, Basel, Heidelberg, Straßburg, Lyon, Ant=
werpen, vor Allem London haben lange italienische Protestanten
geweilt und zum Theil auch besondere italienische Gemeinden ge=
bildet, bis sie sich allmälig der neuen Heimath assimilirten.

Noch ein Punkt darf aber nicht außer Acht gelassen werden,
wenn man bei der Beurtheilung der Gründe für die Unterdrückung
des Protestantismus in Italien nicht ungerecht sein und nicht dem
sanguinischen, den Gegenstand seiner Begeisterung heftig ergreifenden,
aber nicht lange festhaltenden Charakter der Italiener alle Schuld
beimessen will. Der systematischen Blutarbeit der römischen In=
quisition trat nirgends ein geordneter, von irgend einer obrigkeit=
lichen Behörde geschützter oder geleiteter Widerstand entgegen. Jedes
junge Leben bedarf der Stille, des ruhigen Friedens, in welchem
alle Keime feste Wurzeln schlagen und sich tief gründen können.
Es war für die Geschichte der deutschen Reformation von un=
berechenbaren Folgen, daß Fürsten wie die Churfürsten von Sachsen,
der Landgraf Philipp von Hessen u. A. die zarte Pflanze der
jungen evangelischen Kirche in ihren abwehrenden Schutz nahmen.

Und doch stand in Deutschland der geregelten Entwicklung derselben nicht eine so geschlossene, gesammelte Macht entgegen, wie die Inquisition, die in Deutschland nie hat Wurzel fassen dürfen; in Deutschland würden sich die reformatorischen Bestrebungen dennoch eine Bahn gebrochen haben, auch ohne eine solche landesherrliche Obhut. In Italien aber wäre dieselbe von der allergrößten Bedeutung gewesen. Aber so edle Namen auch die lange Reihe der dortigen Evangelischen zieren, von Fürsten befindet sich darunter keiner. Ihr, freilich sehr mißverstandenes, Interesse war zu sehr mit dem der römischen Curie verwachsen. „Mit Rom in religiösen Dingen brechen und ihre weltliche Macht zertrümmern war eins und dasselbe, da mit der Verarmung des Papstes und der Bischöfe ihrer Reiche, deren Sold noch immer aus allen fremden Ländern herströmte, sie selbst verarmten, und da mit dem Glanze des Vaticans auch der Glanz jedes italienischen Fürstenhauses erlöschen mußte." Die italischen Fürsten und Herren erstrebten, auf den Trümmern der mittelalterlichen Städtefreiheiten, eine absolute Herrschaft für sich und ihre Häuser, und die Hierarchie bot die sicherste und bequemste Grundlage dafür dar. Wie noch heute galt der römische Cultus für das beste Polizeiinstitut, um die rohe Masse der Bevölkerung zu zügeln. Jede freie Regung — und als solche mußte sich die evangelische immer darstellen — war verdächtig. Man ergriff mit bereitwilligem Entgegenkommen die Mittel, welche die römische Curie in ihrer Inquisition bot, dergleichen Bestrebungen mit Feuer und Schwert auszurotten. Wir werden im Verlaufe unserer Darstellung noch wiederholt Gelegenheit haben, dieselbe Erscheinung zu beobachten: die Furcht vor politisch-liberalen Regungen treibt zum engen Anschlusse an Rom, und unmittelbare Folge davon ist fanatische Verfolgung des Protestantismus.

Nur an zwei Orten und für kurze Zeit fand ein gewisser Schutz von Seiten der Obrigkeit statt. Der eine war Ferrara, wo die edle Königstochter Renata ihren Einfluß über ihren Gemahl, den Herzog Ercole von Este, geltend machte. Und hier, wie in dem benachbarten, damals zum selben Staate gehörigen Modena, blühte auch sofort evangelisches Leben in reicher Frische und ge-

ordneter Entfaltung auf. Sobald aber durch die unablässigen
Anstrengungen des römischen Hofes dieser Einfluß gebrochen und
Renata in ihren Palast eingeschlossen worden war, konnte die
Inquisition mit voller Energie arbeiten. Nach wiederholten An=
läufen gelang es wirklich, die anfangs immer wieder im Geheimen
zusammentretende, freilich auch in Folge der blutigen Maßregeln
immer mehr zusammenschmelzende Gemeinde gänzlich zu zersprengen
und auszurotten.

Der andere Ort, wo der Protestantismus sich einer mehr ge=
sicherten Existenz erfreute, war Stadt und Staat Venedig. Schon
die Handelsinteressen der großen Seestadt, in welcher sich aus allen
Ländern Kaufleute mit den verschiedensten religiösen Ueberzeugungen
zusammenfanden, geboten eine größere Toleranz gegen Anders=
gläubige. Sodann aber wachte auch die alte stolze Republik eifer=
süchtig über ihre Rechte und erlaubte dem römischen Hofe durchaus
keine Eingriffe. Während die Inquisition sich allmälig in fast
allen Staaten Italiens freie Hand geschafft hatte, wollte es ihr im
Venetianischen lange nicht gelingen. Sie mußte sich auf geraume
Zeit begnügen, die Hand der weltlichen Obrigkeit, so weit sie sich
ihr willig zeigte, gegen die verhaßten Ketzer zu gebrauchen. Bis
zum Jahre 1560 ist kein venetianischer Unterthan um der Religion
willen mit dem Tode bestraft worden. Erst dann gelang es der
Inquisition durch Beharrlichkeit und eine Reihe von allerhand
Intriguen, diese relative Mäßigung der Behörden zu brechen. Von
jenem Jahre an wurde mit der gleichen Grausamkeit und Conse=
quenz gegen die Protestanten verfahren als im übrigen Italien.
Unzählige Male fuhren in der Stille der Mitternacht die zwei
Boote aus, zwischen denen auf einem übergelegten Brete das un=
glückliche Opfer saß. Auf ein gegebenes Zeichen trennten sich die
Boote von einander, und der Sträfling, dem man schwere Steine
an die Füße gebunden, versank lautlos in der Tiefe.

Dennoch stellte sich, bei veränderter politischer Haltung gegen
Rom, das Verhältniß wieder anders. Venedig ist der Ort, an
welchem sich am längsten Spuren von evangelischen Italienern
finden: noch im 17. Jahrhundert sind daselbst geheime gottesdienst=

liche Versammlungen in italienischer Sprache gehalten werden*).
Man vergesse nicht, es ist die Stadt, welche am Anfang des
17. Jahrhunderts den erbitterten Kampf mit der römischen Curie
zu bestehen hatte, in dem sie sich siegreich den Anmaßungen Paul's V.
widersetzte. An der Spitze der Opposition gegen Rom stand Paolo
Sarpi, der gelehrte Servitenmönch und theologische Berather der
Republik, und er war in seinem Herzen dem Protestantismus
unverkennbar zugeneigt. „Nichts ist wichtiger", schreibt er in einem
Briefe vom 5. Juli 1611, „als das Ansehen der Jesuiten zu ver-
nichten. Sind sie gestürzt, so stürzt Rom, und ist Rom verloren,
so wird die Religion von selbst sich erneuern." „Wenn es Krieg
in Italien giebt, so wird für die Religion Alles gut gehn, und
das ist es, was man in Rom fürchtet. Die Inquisition wird
aufhören und das Evangelium Fortgang haben"**). Man begreift,
wenn solche Ideen von dem Berather der Republik vertreten wurden, wie italienische Protestanten es wagen durften, geheime Versammlungen zu halten. Und Sarpi stand nicht allein, sein Einfluß breitete sich in weitere Kreise aus. Padre Fulgenzio, sein
Freund und Schüler, theilte mit ihm seine religiösen Grundanschauungen. Derselbe predigte auch öffentlich in diesem Sinne,
und über 600 venetianische Nobili besuchten seine Predigten, ohne
daß man sie oder ihn daran verhinderte. Als nach dem Tode von
Sarpi (1623) ein Doctor Duncomb, englischer Erzieher einiger
junger Engländer, die sich in Venedig aufhielten, schwer krank lag,
bemerkte Padre Fulgenzio, der ihn besuchte, daß er sehr traurig war.
Auf die Frage warum? antwortete der Engländer: weil ich sterben
muß, ohne das Abendmahl unter beiderlei Gestalt genießen zu
können. Padre Fulgenzio entgegnete, da könne er wohl aushelfen;
wenn ihm daran gelegen sei, so besitze er eine italienische Uebersetzung des Commonprayerbook und könne ihm das Abendmahl in
der gewünschten Form reichen; er werde dazu auch einige seiner

---

*) Gerdesius, Italia reformata, Lugduni Batavorum 1765, p. 93.

**) Istoria del Concilio Tridentino, da Fra Paolo Sarpi, ed. Courayer,
Londra 1757, p. LXVII.

Klosterbrüder mitbringen; denn in seinem Kloster wären noch immer sieben oder acht von den Schülern Sarpi's, welche ab und zu zusammenkämen, um das Abendmahl so zu feiern*).

Hätte Rom von Anfang an Venedig gegenüber eine so an= maßliche Sprache geführt, als Paul V. im 17. Jahrhundert, alle diese Elemente wären dem Protestantismus offen zugefallen. Venedig wäre vielleicht ein protestantischer Staat geworden. Jetzt kam diese gegensätzliche Stellung gegen Rom zu spät. Die Macht des Protestantismus in Italien war schon völlig gebrochen; nur im Geheimen, den Meisten unbewußt, versammelten sich in Venedig noch einige evangelische Italiener — und so blieben Leute wie Sarpi und Fulgenzio in ihrer Kirche, in welcher sie ja doch, bei der allgemeinen venetianischen Opposition gegen das Papstthum, sich freier stellen konnten, als dieß in andern katholischen Ländern, wo die päpstliche Autorität unbedingt herrschte, möglich gewesen wäre. —

Nun war das Werk vollbracht. Bis auf einen ganz kleinen Winkel am Fuß der Alpen, von dem später die Rede sein wird, war der Protestantismus in Italien mit Stumpf und Stiel aus= gerottet, durch Feuer und Schwert und Verbannung alle Spuren desselben aus dem Lande ausgefegt. Aber was war die Frucht dieser furchtbaren Kraftanstrengung? Man kann nicht anders als Gottes rächende Hand erkennen, welche das unglückliche Land in das selbstverschuldete Gericht dahingab. Seit dem 16. Jahrhundert ist Italien politisch, social, moralisch tief und tiefer gesunken; man gefällt sich darin, es eine ausgebrannte Schlacke zu nennen. Ehe= dem an der Spitze der Bildung: wer mit rechtem Erfolg die Wissen= schaften betreiben wollte, mußte nach Italien gehn, die geschätztesten Lehrer und Bücher kamen aus diesem Lande. Und jetzt? Ein Papst**) verbietet in seinem Staate den Unterricht in der Geo= graphie; alle Reisen in's Ausland, die Einführung von Eisenbahnen,

---

*) Istoria del Concilio Tridentino, da Fra Paolo Sarpi, ed. Courayer, Londra 1757, p. LXVIII.

**) Gregor XVI.

„dieser fluchenswerthen Ausgeburt des Zeitgeistes" nach Gregor XVI., werden unmöglich gemacht, jeder intellectuelle Fortschritt gehemmt. Ehemals Geschichtschreiber wie Guicciardini, Politiker wie Macchiavelli, an allen Höfen Europa's Italiener als die angesehensten und geschicktesten Diplomaten, Italien das gelobte Land der Künste, die Heimath eines Dante, eines Rafael, eines Michelangelo, eines Palestrina — und jetzt?! Nur als Ruine, als das Land der Trümmer und der Erinnerungen zieht es noch an; die jetzigen Bewohner erwecken nur mit Wehmuth gepaarte Freude, weil man die noch immer herrlichen geistigen Gaben bewundern und doch staunen muß, in welch elenden Dienst der Eitelkeit sie genommen werden. Die edelsten Kräfte der Nation hatten sich eben den reformatorischen Bestrebungen dahingegeben. Ein neues, frisches Leben wehete durch das Land, und in Kraft desselben hätten auch Wissenschaft und Kunst und sociales Leben, welche zum Theil vom Glauben, von aller Religion weit abgeirrt waren, wieder mit neuem, kräftigem Inhalt ausgefüllt und in den Dienst Jesu Christi genommen werden können. Statt dessen tödtete oder bannte man dieses freie Leben aus Gott, unterwarf die Gewissen wieder einer menschlichen Autorität und den todten Satzungen dieser Welt und schloß, wie das gesammte sociale und politische Dasein, so auch Wissenschaft und Kunst in solche enge verknöcherte Kirchenformen ein, daß ihr Leben nur noch kränkelnd dahinsiechte. —

Wohl zog sich ein geheimer und offener Gegensatz gegen Rom durch die gesammte Zeit von der Unterdrückung des Protestantismus bis auf unsere Tage, ein Gegensatz, der in manchen Punkten äußerlich mit den reformatorischen Forderungen zusammenfiel. Aber derselbe wuchs doch meist aus ganz fremdartigem Boden hervor. So traten seit dem Ende des 17. Jahrhunderts mit der äußeren Kirche in Opposition die neapolitanischen und andern Quietisten, welche ihre Anregung von dem edeln, als haereticus in Rom verdammten und in römischem Gefängnisse gestorbenen Michael Molinos erhalten hatten. Durch ihre Glieder wurden Heiligenbilder und Crucifixe umgestürzt, Rosenkränze und Reliquien fortgeworfen u. s. f.; aber nicht, damit nun ein echter Gottesdienst im Geist und in der Wahrheit aufgerichtet werde, sondern jene mystische Versenkung in den Einen, einfachen Gott ermöglicht, welche, wie aller Mittel zur Andacht, so im letzten Grunde auch des Mittlers Christi entrathen zu müssen glaubte, weil er die Seele noch an ein Vereinzeltes band und der lautlosen Versenkung in's Absolute hemmend entgegenstand. Gerechtigkeit des Glaubens war den Quietisten ein völlig ungeläufiger Begriff. — In gleicher Weise ist der große Anklang zu beurtheilen, den der Jansenismus in Italien fand. Wohl wurde Bischof Scipione Ricci, der edelste und bedeutendste Schüler von Port Royal in Italien, von den Päpstlichen beschuldigt, er bahne der Häresie Luther's den Weg*) durch seine Behauptungen, daß die Bischöfe unmittelbar von Christo und nicht vom Papste ihre Macht hätten, daß der Schatz der Indulgenzen ein scholastisches Fündlein und seine Anwendung für die Verstorbenen eine chimärische Erfindung sei, daß ein Nationalconcil und nicht der Papst über Glauben und Kirchendisciplin zu entscheiden habe, — und durch seine Forderungen, nur Einen Altar in den Kirchen zu haben, die Liturgieen in der Landessprache und mit lauter Stimme zu lesen u. s. w. Wohl verdammte Pius VI. die Beschlüsse der von Ricci gehaltenen Provinzialsynode von Pistoja als „verwegen, ärgerlich und für den heiligen Stuhl beleidigend" (temerarie, scandalose e ingiuriose alla S. Sede). Aber diese von den Josephinisch-Leopoldinischen Reformen und dem kirchlich freieren Zeitgeiste unterstützte Opposition blieb doch noch immer in den Grenzen der katholischen Kirche, und Ricci würde ebenso energisch die Uebereinstimmung mit den Luterani von sich gewiesen haben, als die französischen Jansenisten ihre Waffen gegen den Protestantismus kehrten.

Aller dieser und ähnlicher Bestrebungen Zusammentreffen mit der Reformation liegt mehr nur im Formalen, in der Unzufriedenheit mit dem katholisch-kirchlichen Bestande und in dem gegen diesen erhobenen Widerspruch. Alleinige Schriftauterität und Rechtfertigung aus dem Glauben an den menschgewordenen Gottessohn,

---

*) Carlo Botta, Storia d'Italia dal 1789 al 1814, Vol. I, p. 22.

diese Kern- und Sternpunkte der evangelischen Kirche, blieben den Italienern fremd; erst der neuesten Zeit war es vorbehalten, diese Lichter dort wieder auf den Leuchter zu stecken.

Die hie und da an Gesandtschaften und in Handelsstädten gegründeten evangelischen Kapellen, von denen man dergleichen etwa erwarten könnte, waren nicht Mittelpunkte zur Sammlung versprengter italienischer Protestanten. Sie hatten grundsätzlich die Landessprache aus ihren Gottesdiensten auszuschließen und durften nur von den fremden Protestanten aus Deutschland, der Schweiz, Holland, England, Frankreich besucht werden. So bestand schon zu Sarpi's Zeit eine holländische Gesandtschaftskapelle zu Venedig *), die nachher verschwindet. Im Jahre 1607 wurde in Livorno für Niederländer und Deutsche eine Kapelle errichtet; 1620 eine deutsche in Venedig, die 1657 öffentlich anerkannt und neuerdings dem Consistorium zu Wien untergeordnet ist, und im Verlaufe dieses Jahrhunderts entstanden dergleichen in Bergamo (1807), Genua (1820), Messina (1844), Mailand (1850), sowie die preußischen, englischen und amerikanischen Gesandtschaftskapellen in Rom, Neapel, Florenz und Turin. Aber, wie bemerkt, alle diese Kapellen waren den Italienern unzugänglich und sind es zum Theil im gegenwärtigen Augenblicke noch. Was in Italien evangelischen Namen trug, mußte im Auslande für das religiöse Bedürfniß Nahrung suchen.

Nur in Einem, ganz kleinen, abgelegenen Theile Italiens hat sich durch alle diese Jahrhunderte der Noth und Verfolgung hindurch ein Rest evangelischen Glaubens erhalten, welcher ein Verbindungsglied werden sollte zwischen dem 16. Jahrhundert und den evangelischen Bewegungen, welche jetzt wieder Italien durchziehen. Freilich wurde er so eingeengt und zusammengeschnürt, daß er bis auf die neueste Zeit kaum das eigne kümmerliche Dasein fristen, geschweige für das übrige Italien ein zusammenhaltendes oder gar erweckendes Ferment hätte bilden können. Wir reden von den Waldensergemeinden, welche in den drei kleinen, zu den

---

*) Alfred v. Reumont, Beiträge zur ital. Geschichte, II, S. 173.

Cottischen Alpen in Piemont gehörenden Thälern von Luserna, Peroja und San Martino eingeschlossen lebten. Es sei uns erlaubt, auf ihre Geschichte ein wenig näher einzugehen. Es ist eine Ge= schichte, auf welche die evangelische Kirche stolz sein kann. Und doch ist sie unter uns Deutschen so wenig bekannt, so wenig Ge= meingut aller evangelischer Christen*).

Ihren Ursprung führen die Waldenser und manche Andere am liebsten auf die Zeit der Apostel selbst zurück, Andere geben bis zu Papst Sylvester, dem Zeitgenossen Constantin's, noch Andere nur auf Bischof Claudius von Turin im 9. Jahrhundert. Das Wahrscheinlichste ist, daß sie Entstehung und Namen dem Petrus Waldo von Lyon im 12. Jahrhundert verdanken und mit den Armen von Lyon (Pauperes de Lugduno) identisch sind. Von Frankreich kamen sie nach Ober= und Unteritalien, Arragonien, Deutschland, besonders Böhmen, wo sie sich „Piccarden" nannten, und Straßburg, wo sie als „Winkler" auftraten. In den piemonte= sischen Thälern zeigen sie sich erst im 13. Jahrhundert. Fleißiger Schriftgebrauch in der Landessprache war ihr Hauptgrundsatz, und von da aus suchten sie ein reineres, dem ursprünglichen Christen= thum mehr entsprechendes heiliges Leben darzustellen, wie sie es in der herrschenden Kirche nicht fanden. In vielen Punkten waren sie zwar noch ganz in den Anschauungen der mittelalterlichen Kirche befangen; Rechtfertigung und Heiligung fielen ihnen noch zusam= men; für einen wahren christlichen Priester forderten sie Ehelosig= keit und Armuth; die Siebenzahl der Sacramente war auch bei ihnen anerkannt, ebenso die Brodverwandlungslehre, die Ohren= beichte und die katholische Bußtheorie mit ihren drei Theilen der contritio, confessio und satisfactio; auch nahmen sie keinen An= stoß daran, der katholischen Messe beizuwohnen. Dennoch aber mußten sie sich bald um ihrer reineren Grundanschauungen willen

---

*) Vergl. über sie Dieckhoff, die Waldenser im Mittelalter, Göttingen 1851, und das vortreffliche Buch von Prof. Herzog in Erlangen: die ro= manischen Waldenser, Halle 1853, wo ihre Geschichte aber auch nur bis zur Reformationszeit fortgeführt ist. Außerdem ist benutzt worden Amadeo Bert, I Valdesi ossiano i Cristiani-cattolici ecc. Torino 1849.

mit der damaligen Kirche in mannichfachem Conflict befinden. Sie geißelten unbarmherzig die Trägheit, die Sittenlosigkeit, den Hoch= muth des Clerus; und als man ihnen dieß verbot und der Papst (Alexander III.), an den sie sich ganz unbefangen als an die höchste Autorität gewendet hatten, das Verbot bestätigte, so richteten sich ihre Angriffe auch gegen das Oberhaupt der Kirche. Natürlich zogen sie sich dadurch den bittersten Haß zu und wurden in lang= wierigen und blutigen Verfolgungen unterdrückt, wo man sie un= besehen mit Katharern, Albigensern u. A. zusammenwarf. So unter Innocenz III. seit 1198, unter Clemens VII. 1380—1393, 1460—1478 unter Pius II., Paul II. und Sixtus IV.; unter Innocenz VIII. durch den Legaten Albert von Capitaneis, wo 4000 umkamen, u. s. f.

Die unter ihnen aufgeschlagen liegende Bibel führte sie all= mälig zu immer reinerer Erkenntniß. Und als nun die Kunde von der Kirchenreformation in Deutschland und der Schweiz erscholl, suchten die Reste der italienischen Waldenser sich mit ihr in Ver= bindung zu setzen. Wir haben oben gesehen, wie es den neapoli= tanischen Waldensern dabei erging; sie wurden 1560 völlig aus= gerottet. Die Gemeinden in den piemontesischen Thälern erklärten in den Synoden von Angrogne 1532, wo Farel*) als schweizerischer Abgeordneter gegenwärtig war, und im Thale St. Martin 1533 ihre Uebereinstimmung mit den reformatorischen Lehren in einem Glaubensbekenntnisse von 17 Artikeln.

Im Zusammenhang mit der allgemeinen Ketzerunterdrückung im 16. Jahrhundert brachen nun auch wieder die grausamsten Verfolgungen aus über die vielen Waldenser des westlichen Nord= italiens, sowohl unter der französischen als der savoyischen Herr= schaft, der sie abwechselnd zufielen. Nach langem, heftigem Kampfe mit den Bewohnern der Thäler schloß der savoyische Herzog Emanuel Philibert am 5. Juni 1561 endlich eine Convention mit ihnen, die sogenannte Capitulation von Cavour. Die Waldenser sollten sich innerhalb der drei Thäler von Luserna, Perosa und San

---

*) Nach Bert war es Viret, a. a. O. S. 133.

Martino halten und daselbst das Recht des freien Gottesdienstes und Kirchenbaues genießen. Ebenso wurde ihnen ungehinderter Handel und Verkehr mit ihren katholischen piemontesischen Volksgenossen gesichert. Nur durften sie keine Proselyten machen, und die Katholiken behielten das Recht, in allen waldensischen Ortschaften katholische Kirchen zu bauen. Ein Wunder von Toleranz im 16. Jahrhundert, während durch ganz Italien die Schrecken der Inquisition wütheten! Der Nachfolger Karl Emanuel's I. (1580—1630) änderte in der rechtlichen Lage der Waldenser zunächst nichts; in jeder Weise aber drückte und quälte er sie. Die Markgrafschaft Saluzzo, die französisch gewesen war und ihm nun nach langem Kriege im Vertrag von Lyon, 17. Januar 1601, zufiel, war von zahlreichen Waldensern bewohnt. Sie wurden sofort vom Herzog mit Tod und Güterentziehung bedroht, falls sie nicht abschwüren oder das Land verließen. Die Meisten suchten in der Fremde den Frieden ihrer Seele und ein ungestörtes Leben. Eine Gemeinde, welche in diesem Edicte nicht namentlich angeführt war, Paraguglielmo, erhielt sich noch bis 1633. Aber dann stellte ihr Herzog Victor Amadeus die gleiche Alternative, der sich ihre Glaubensbrüder hatten unterziehen müssen. Und auch sie flohen. Bei ihren Glaubensgenossen in den Thälern von Pinerolo fanden sie Schutz und theilten in der Folgezeit Glück und Unglück mit diesen letzten Resten der Waldenser in Italien.

Freilich von Glück sollten sie nicht viel erfahren. Nachdem man sie lange mit den gehässigsten unblutigen Mitteln gequält hatte, brach wieder 1655 eine Verfolgung mit Feuer und Schwert über sie herein. Mit den haarsträubenden Greueln unmenschlicher Grausamkeit, die von den gegen sie geschickten Soldaten verübt wurden, wollen wir den Leser verschonen*). Die Waldenser verkauften ihr Leben theuer. Mit den Waffen in der Hand, zum Theil unter Führung französischer oder schweizerischer protestantischer Officiere, vertheidigten sie Weib und Kind und ihr eignes armseliges Leben. Endlich setzte die Fürsprache des gesammten pro-

---

*) Sie finden sich bei Bert a. a. O. S. 177 ff.

Witte, Evang. in Italien.   2

testantischen Europa's dem Wüthen ein Ziel. Der Herzog unterwarf sich der Entscheidung Ludwig's XIV. von Frankreich, und
diese ging auf Wiederherstellung des Zustandes vor dem Kriege.
Die ausgedehntesten Geldsammlungen in Europa setzten die Waldenser in den Stand, ihre verwüsteten Wohnungen wieder zu bauen.
Aber auch jetzt dauerte der Frieden nicht lange. Es sollte das
Herbste über sie verhängt werden, was sie noch erlitten hatten.

Ludwig XIV., der sich noch eben wiederholt für die Waldenser
verwendet hatte, widerrief am 22. October 1685 das Edict von
Nantes, welches den Protestanten in seinem eignen Lande freie
Religionsübung gesichert hatte. Aber damit nicht zufrieden, forderte er auch von Herzog Karl Emanuel II. von Savoyen, seinem
Beispiele zu folgen; und als dieser zögerte, gab er seinem Verlangen mit einer Kriegsdrohung Nachdruck. So erschien denn am
31. Januar 1686 ein Edict in den Thälern, welches bei Todesstrafe und Güterconfiscation allen akatholischen öffentlichen oder
geheimen Gottesdienst verbot und zu gleicher Zeit anordnete, daß
die waldensischen Gotteshäuser niedergerissen, die Geistlichen und
Schullehrer landesverwiesen, und für die Zukunft alle Kinder der
Waldenser von Priestern getauft werden sollten, damit sie in der
römisch-katholischen Confession erzogen werden könnten. Die armen
Bedrohten schickten Botschaft auf Botschaft zu ihrem Landesherrn,
um die grausamen Maßregeln abzuwenden; die fremden protestantischen Mächte, besonders auch der große Kurfürst, suchten, so gut
sie konnten, diese Bitte zu unterstützen. Aber vergebens. Der
Herzog blieb bei seinem Vorsatze. Einige der Waldenser wollten
der Macht weichen und in der Fremde ein Obdach suchen, wie
ihnen auch ihre schweizerischen Freunde riethen. Aber die Mehrzahl beschloß zu bleiben, treu und offen an ihrem Glauben festzuhalten und gemeinschaftlich entweder zu siegen oder das Aeußerste
zu erleiden.

Kaum war dieser Beschluß gefaßt, so rückte von Westen ein
französisches, von Osten ein savoyisches Heer in die Thäler ein.
Zweitausend Evangelische, in kleine Fähnchen vertheilt, standen einer
erdrückenden Uebermacht gegenüber. Ein Widerstand schien toll-

kühn. Zudem kamen Boten über Boten vom Herzog mit der
Aufforderung, sich zu ergeben und festes Vertrauen zu fassen zu
der Loyalität Seiner Hoheit. Da gab man nach drei Tagen angst=
voller Ueberlegung nach. Weiber, Kinder, Männer fielen der Ge=
walt in die Hände. Sie wurden unterschiedslos, 12—14000 an
der Zahl, in die Kerker von Luserna und in mehrere Festungen
des Staats gesteckt. Und wie man bisher Soldaten gegen sie ge=
schickt, so ließ man nun ein zahlloses Heer von Priestern und
Mönchen auf sie los, welche mit ihren Künsten die verirrten Schafe
in den Schooß der Alleinseligmachenden zurückbringen sollten. Der
Tod in den Gefängnissen befreite Unzählige von dieser größten
Last. Manche gaben auch den Drohungen, Verheißungen, der
grimmen Noth nach und traten, geschwächt an Leib und Seele,
zur katholischen Kirche über. Aber die Meisten blieben getreu und
harreten der Barmherzigkeit Gottes.

Ihre Erlösung nahete. Die Schweiz und mehrere protestan=
tische Fürsten boten die Mittel an, um die Waldenser über die
Alpen zu schaffen, wozu auch der Herzog seinen Beitrag zu liefern
versprach. Die Exulanten sollten dann in jenen Ländern wohnen,
und die betreffenden Mächte übernahmen die Verpflichtung, sie an
einer etwaigen Rückkehr in ihr Vaterland zu verhindern.

So zogen denn die Unglücklichen, im Kerker Erkrankten und
Halbaufgeriebenen mitten im Winter dem Mont Cénis zu. Die
treuen Schweizer kamen ihnen bis Susa und Lans=le=Bourg ent=
gegen; sie hüllten sie in warme Kleider, kauften ihnen Brod und
Wein, eilten hin und her, von mitleidender Bruderliebe getrieben,
um überall mit Hülfe und Rath gegenwärtig zu sein. So kamen
sie endlich im Canton Genf an. Nur 3000 hatten die Noth in
den Kerkern und die Schrecknisse des winterlichen Alpenübergangs
überlebt. Nun vertheilten sie sich in die verschiedenen evan=
gelischen Cantons der Schweiz, wo sie sich mit ihrer Hände
Arbeit ihr Brod verdienten. Auch Deutschland, die Nieder=
lande, Amerika boten ihre Hülfe an; und so ungern auch die
Waldenser sich so weit von ihrer Heimath entfernten, so mußten
sie doch den gütigen Anerbieten nachgeben und in vereinzelten

2*

Gruppen nach jenen Ländern ziehen; die Meisten gingen nach Brandenburg.

So war denn Italien einmal ganz gereinigt von der verhaßten protestantischen Ketzerei; Rom konnte frohlocken: der Sieg ist unser!

Aber das „Israël des Alpes" hatte seine Heimath nicht vergessen. Alle die Ströme Blutes, die seit Jahrhunderten geflossen waren, alle die Angst und Noth, das tausendfache Elend, das sie dort ausgestanden, vermochten nicht, die Liebe zu ihren Thälern, zu ihrem italienischen Vaterlande in ihnen zu ersticken. Wie die Juden an den Wassern zu Babel saßen und weineten, wenn sie an Zion gedachten, so die vertriebenen Thalbewohner. Und ihre Heimath war ihnen doch das Babel, das ihre jungen Kinder nahm und zerschmetterte sie an den Stein! Und das Land des Exils konnten sie ihr Zion nennen!

Zweimal schon hatten sich Züge von Waldensern heimlich aufgemacht, um in ihr Vaterland zurückzukehren, 1687 Dreihundert, welche von der Berner Regierung noch am Genfer See aufgegriffen und in ihre angewiesenen Wohnorte zurückgebracht waren, und Siebenhundert im Juni 1689, welchen dasselbe Schicksal zu Theil wurde; nur sandte man die Mehrzahl unter ihnen als Gefangene auf eine kleine Insel im Bieler See.

Dennoch ließ sich Heinrich Arnaud, ein waldensischer Barbe (d. h. Geistlicher) nicht abschrecken. Nachdem er sich mit seinen Freunden verständigt, versammelten sich zur bestimmten Zeit im Geheimen gegen 900 Brüder in einem Walde bei Nyon an dem Ufer des Genfer See's. Nach einem heißen Gebet um Gottes Schutz, welches Arnaud mit ihnen auf den Knieen sprach, fuhren sie am Abend des 16. August 1689 über den See. Sie durcheilen die savoyischen Thäler; bei Salabertrand, einem Orte in der Nähe der Festung Exilles, stellt sich ihnen die französische Besatzung von Exilles entgegen; es sind 3000 Mann gegen 900! Wie durch ein Wunder schlagen sie sich in einem verzweifelten Angriff durch. Am 27. August, elf Tage nach ihrem Aufbruch aus der Schweiz, erreichen sie, auf 700 zusammengeschmolzen, das obere Ende ihres heimathlichen Thales San Martino. Als sie zum ersten Male aus der Ferne die Gipfel ihrer geliebten Berge erblicken, sinken sie Alle unwillkürlich auf die Kniee und sagen dem Gott aller Barmherzigkeit und Treue Dank für die wunderbare Durchhülfe; zu ihrem kühnen Unternehmen weihen sie sich auf's Neue.

Aber was soll weiter geschehen? Zweitausend Franzosen sind ihnen schon auf den Fersen, jeder neue Tag kann den verderblichen Angriff bringen. Einstweilen verschanzt sich Arnaud mit den Seinigen hinter einem kleinen Hügel bei Balziglia im Thale San Martino und wartet ab, was kommen soll. Aber dicht fallender Schnee treibt die Feinde zurück; für den Winter, der mit Macht hereinbricht, muß der Angriff aufgegeben werden.

Mit dem beginnenden Frühjahr sind die Franzosen schon wieder auf dem Platze; sie verschließen den westlichen Ausgang des Thales, während piemontesische Truppen in das untere Ende desselben ziehen, so daß auch da an ein Entkommen nicht zu denken. Aber kühn nimmt Arnaud den Kampf auf, zunächst mit den fremden Soldaten. In verwegenem Ausfall tödtet er eine nicht unbeträchtliche Zahl und zwingt den Feind sogar zu kurzem Rückzug. Um so grimmiger wüthet der Franzose. Es wird eine heftige Kanonade auf das kleine Fort eröffnet. Zehn Tage vergehen, längerer Widerstand scheint unmöglich. Der französische General fordert sie auf, sich zu ergeben. „Sie seien nicht Unterthanen des französischen Königs", lautet die muthige Antwort, „sie unterhandelten nicht mit dessen Officieren. Auf dem Boden ihrer Väter hofften sie, unter Beistand des HErrn der Heerschaaren, zu leben oder zu sterben."

Aber ihre Lage ist verzweifelt, auch die Lebensmittel sind völlig ausgegangen. Es scheint keine Rettung möglich als durch Ergeben auf Gnade oder Ungnade. Da kommt in der höchsten Noth plötzliche Hülfe. Ein dichter Nebel lagert sich auf das Thal, der die Franzosen zwingt, ihr Feuer einzustellen. Jetzt heißt es fliehen oder nie. Hauptmann Poulat, aus Balziglia gebürtig, erinnert sich, daß er als Jüngling einst den steilen Felsen zu ihren Häupten erklommen ist. Was damals möglich, muß es auch jetzt sein.

In Gottes Namen beginnt der verwegene Marsch; der Eine steigt auf die Schultern des Andern, der Obere zieht den Unterstehenden nach sich, Jeder hilft dem Andern. In der höchsten Stille klimmt das kleine Heer aufwärts. Wer da? ruft eine französische Schild= wach in den Nebel hinein. Keine Antwort. Eine bange Pause angstvoller Erwartung tritt ein. Als nichts weiter erfolgt, geht die Wanderung mit verdoppelter Behutsamkeit weiter, sie erreichen die Höhe; noch ehe der Nebel reißt, sind sie gerettet.

Und nun sollten sie wirklich für die treue Anhänglichkeit an ihr Vaterland belohnt werden. Das Bündniß zwischen Frankreich und Piemont riß, letzteres wendete sich gegen Ludwig XIV. selbst zum Kampf. Am 18. Juni 1690 ließ der Herzog Victor Amadeus den auf den Höhen von San Giovanni rastenden Flüchtigen Frie= den anbieten. Man brachte ihnen auf ihres Landesherrn Wunsch Lebensmittel. Und nun warfen sie sich sofort, trotz aller Ermüdung nach den erlittenen Mühsalen, auf dieselben Franzosen, die noch eben ihnen Tod und Verderben gedroht hatten. Siegreich kehrten sie aus Frankreich zurück, bis wohin sie den flüchtigen Feind ver= folgt hatten. Arnaud erhielt den Rang eines Obersten in der savoyischen Armee, und die waldensische Deputation wurde von dem Herzog mit Worten empfangen, wie sie die armen Thal= bewohner noch nie aus dem Munde eines ihrer Herrscher gehört hatten. „Bis jetzt sind wir Feinde gewesen, von nun an müssen wir Freunde sein. Wenn ihr, wie es eure Pflicht ist, euer Leben in meinem Dienste daransetzt, so will ich auch das meinige für euch dahingeben; und so lange ich einen Bissen Brod habe, will ich ihn mit euch Allen theilen."

Nun durften die Waldenser aus der Schweiz und aus Deutsch= land ihre Familien kommen lassen, und wer noch in piemontesischen Kerkern schmachtete, wurde frei. Die Thäler erhielten sie zurück, ihre Geistlichen durften ungehindert ihre Pflichten erfüllen, selbst diejenigen, welche früher durch Zwang katholisch geworden waren, bekamen die Erlaubniß, der Religion ihrer Väter sich wieder an= zuschließen. Eine große Anzahl protestantischer Franzosen, die noch immer aus ihrem Vaterlande gebannt waren und zum Theil mit

Arnaud an dem Eroberungszuge sich betheiligt hatten, ließen sich ebenfalls in den Thälern nieder. Ein Edict vom 23. Mai 1694 bestätigte die Restauration der Waldenser und sprach es aus, daß Alles vergeben und vergessen sein sollte. Als Papst Innocenz XII. gegen die Ausführung dieses Edictes protestirte, wurde die Veröffent= lichung des päpstlichen Protestes in den herzoglichen Staaten ver= boten, „in Erwägung, daß das Edict vom 23. Mai mehr ein Act der Gerechtigkeit als der Gnade gewesen".

So mußte denn der Triumphruf der Päpstlichen, nachdem er acht Jahre ungehemmt hatte erschallen können, wieder verstummen. Es war wieder ein Ort in Italien, an welchem die freie Gnade Gottes in Christo verkündigt wurde — ein Same für die Zukunft.

Aber noch lange waren die Versuchungszeiten nicht vorüber. Wohl sind die Waldenser seitdem nicht mehr mit bewaffneter Ge= walt heimgesucht worden, aber um so boshafter und aufreibender waren die unabläßigen Chicanen in ihrer socialen und politischen Stellung. Schon mit dem französischen Frieden kehrten die Be= drückungen wieder. In den geheimen Tractat von Turin vom 29. August 1696 hatte Ludwig XIV. die Bestimmung aufnehmen lassen, daß in allen den Ländern, welche er jetzt der Krone Sa= voyen wieder abtrat, nur Katholiken geduldet werden dürften. Zu= gleich nöthigte er den Herzog zur Verbannung aller in die Thäler geflüchteten französischen Protestanten und Waldenser. Arnaud selbst, der von den Waldensern im Dorfe Die in der Dauphiné ab= stammte, mußte nebst 3000 Andern die glorreich gewonnenen Thäler verlassen. Sie wandten sich zumeist nach Württemberg, wo noch jetzt am östlichen Abhange des Schwarzwaldes einige „wälsche" Gemeinden ihren eigenthümlichen Charakter, wie ihren waldensischen Dialekt bewahrt haben. Andere gingen nach Hessen, vermischten sich aber nach und nach mit den dortigen Bewohnern.

In den heimathlichen Thälern aber kehrte allmälig, trotz der freundlichen Worte Victor Amadeus', der alte rechtlose Zustand zurück. Nach den mannichfachsten Plagereien erschien 1740 eine Sammlung aller der in den vorigen Zeiten der Verfolgung gegen die Waldenser erlassenen Edicte, nach denen wieder strict verfahren werden mußte. Sie sind bis 1848 mit geringen Ausnahmen in Geltung geblieben! Nur einige wenige darunter greifen wir heraus. Die drei genannten Thäler sollten wieder genau einzuhaltende Grenze bilden. Wer vom Katholicismus zum Glauben der Waldenser übertritt, ist mit Tod und Confiscation zu bestrafen, desgleichen der vom Katholicismus wieder abfallende waldensische Convertit (Edict von 1602). Verheirathungen mit Katholiken sind nur gestattet, wenn der waldensische Theil katholisch wird (von 1602). Den Waldensern können ihre Kinder genommen werden, falls dieselben katholisch werden wollen; bei Mädchen genügt dazu ein Alter von 10 Jahren, bei Knaben von 12 (Edict von 1655). Zum Begräbniß der Todten stehen den Waldensern nicht die katholischen Kirchhöfe zur Benutzung; ihre Bestattungsplätze müssen von den öffentlichen Landstraßen entfernt liegen und dürfen nicht eingezäunt sein. (Dieser letzte Theil des Edictes wurde 1825 aufgehoben.) Erst 1790 gestattete man ihnen, Aerzte ihrer eignen Confession zu haben, und auch diese durften nur Protestanten besuchen.

Es war den Waldensergemeinden nicht zu verdenken, daß sie die völlige religiöse Freiheit, welche ihnen unter dem Napoleonischen Regimente gewährt wurde, mit Jubel und Dank entgegennahmen. Sie war aber von kurzer Dauer. Als König Victor Emanuel I. im Jahre 1814 in seine Länder wieder einzog, war sein erstes Gebot, in dem Edicte vom 21. Mai 1814, daß Alles in denselben Zustand zurückversetzt werde, in welchem er es vor seiner Abdankung gelassen! So traten auch die alten Gesetze gegen die Waldenser wieder in Kraft, obgleich deren politische Gleichberechtigung in den Wiener und Pariser Verträgen ausdrücklich anerkannt war.

In manchen Beziehungen wurde es indeß doch besser. So durften die Waldenser jetzt Chirurgen, Apotheker, Architekten, Geometer werden u. s. f., was ihnen früher nie erlaubt war. Auch wurde die Rechtmäßigkeit eines außerhalb der Thäler erworbenen Eigenthums anerkannt. Der König gestattete in spätern Jahren auch wieder die Benutzung einer im Jahre 1806 erbauten und dann von ihm selbst geschlossenen waldensischen Kirche in den

Thälern; doch verlangte er, daß eine hohe Mauer davor errichtet werde, damit die Katholiken, welche in ihre gegenüberliegende Kirche gingen, durch den Anblick eines ketzerischen Gotteshauses nicht verletzt würden. Karl Felix (1821—1831) gab sogar am 6. Januar 1824 die Erlaubniß zur Eröffnung eines evangelischen Hospitals in La Tour, dem Hauptorte der waldensischen Thäler, für welches fast das gesammte protestantische Europa beigesteuert hatte. Die kranken Waldenser waren nun nicht mehr den unabläſſigen Beſtürmungen, katholisch zu werden, ausgesetzt, mit denen man sie in dem Provinzial-Hospital von Pinerolo bedrängt hatte. Auch in Pomaret durften sie bald ein zweites Krankenhaus errichten.

Karl Albert, der 1831 auf den Thron kam, war während der französischen Revolutionszeit in Genf von dem protestantischen Ministre Vaucher, Professor an der Genfer Akademie, erzogen worden. Man sagte, er sei den Waldensern persönlich geneigt. Aber der Einfluß der klerikalen Partei, der sich sofort nach seiner Thronbesteigung geltend machte, beherrschte ihn auch in seinem Verhältniſſe zu den Waldensern. Die alten Gesetze blieben bestehen und katholische Eiferer unter den Behörden benutzten sie getreulich. Es sollte zu guterletzt noch eine schwere Prüfung über die treuen Bekenner ergehen, ehe sie ihre Freiheit erlangten.

Ein Abbate Charvaz wurde 1834 zum Bischof von Pinerolo ernannt, einem Städtchen am Eingange der evangelischen Thäler. Der waldensische Moderatore *) machte ihm seinen Besuch und empfahl die Thäler seiner Fürsorge und seinem Schutze. Die Antwort lautete, Seine bischöflichen Gnaden würden all ihr Vermögen in Thätigkeit setzen, damit die alten Edicte wieder genau gehalten würden, da dieselben, wenn auch veraltet, doch durchaus nicht zurückgenommen und außer Wirksamkeit gesetzt seien **).

---

*) D. i. der Präsident „der Tafel", der Repräsentativ- und Verwaltungsbehörde der waldensischen Kirche; sie besteht aus 5 Gliedern: eben dem modérateur, dem modérateur-adjoint, dem Secretär (immer Geistlichen) und zwei Laienmitgliedern; sie wird alle Jahre von der im Mai sich versammelnden Synode neu ernannt.

**) Bert a. a. O. S. 276.

Vor Allem begann wieder die Entziehung von waldensischen Kindern, um nicht zu sagen „der Kinderraub". Denn wie können Mädchen von 10 und Knaben von 12 Jahren aus innerer Ueberzeugung den Wunsch hegen, zur katholischen Kirche überzutreten?! Ein eignes Ospizio dei Catacumeni in Pinerolo nahm die angeblich freiwillig katholisch gewordenen Kinder auf, und alle weiteren Bemühungen der Eltern, derselben wieder habhaft zu werden, waren völlig vergeblich. Noch im Jahre 1838 entgegnete der Präfect von Pinerolo einem Elternpaar, das ein abhanden gekommenes kleines Mädchen zurückforderte: das Kind sei eilf Jahre alt, befinde sich also ganz rechtmäßiger Weise im Hospiz; die Forderung könne nicht berücksichtigt werden*). Es kam wiederholt vor, daß die Eltern, wenn ihnen ihre Kinder „entlaufen" oder entzogen waren, noch eine theure Pension für ihre Erhaltung zahlen mußten. — Wurde in den Thälern ein uneheliches Kind geboren, so war die Mutter verpflichtet, es katholisch taufen zu lassen und zu erziehen. Wenn sie sich dessen weigerte, so wurde ihr ohne Weiteres das Kind genommen. Oft flohen solche arme gefallene Wesen hoch in die Berge; man schickte ihnen Carabinieri nach, welche ihnen das Kind entreißen und nach dem Katechumenenhospiz in Pinerolo bringen mußten. Nachdem nun schon seit lange den Waldensern Besitz außerhalb der Thäler gestattet worden war, forderte plötzlich im Anfang der vierziger Jahre ein Edict, denselben binnen Jahresfrist zu verkaufen. Es lag auf der Hand, daß die Katholiken nur einen Spottpreis zahlen würden. Alle Verwendungen des den Waldensern unvergeßlichen preußischen Bevollmächtigten am Turiner Hofe, des Grafen Ludwig von Waldburg-Truchseß (1816—1844 in Turin), die Fürsprache anderer Mächte konnten keine Aenderung bewirken. König Friedrich Wilhelm III. von Preußen lud sogar die Waldenser ein, ihr undank-

---

*) Konnte doch im Jahre 1844 selbst der piemontesische König dem damaligen holländischen Gesandten in Turin nicht zu seinem Rechte verhelfen, als gegen dessen Willen seine 17jährige Tochter bei Nachtzeit in das Kloster von S. Croce gelockt worden war! Vgl. Gelzer, protestant. Briefe aus Südfrankreich und Italien, 1852, S. 58 f.

bares Vaterland zu verlassen und in seinen Staaten Wohnsitze an=
zunehmen. Ein reicher Amerikaner in Süd=Carolina bot ihnen
große Besitzungen bei sich an und wollte auch alle Ueberfahrts=
kosten tragen. Französischerseits redete man von der Gründung
einer waldensischen Colonie in Algerien — aber alle diese Aner=
bietungen wiesen die Waldenser zurück. Sie konnten und wollten
die theuern Thäler nicht verlassen, in welchen ihre Väter freudig
den Märtyrertod erlitten hatten.

Aber die Stunde ihrer endlichen Erlösung war herbeigekom=
men. Bald sollten sie zu einer Aufgabe berufen werden, für welche
sie die göttliche Vorsehung durch viele Jahrhunderte bewahrt hatte.

Die politischen Verwicklungen auf der italienischen Halb=
insel gaben den äußern Anlaß dazu. Mastai Ferretti, seit
dem 16. Juli 1846 als Pius IX. auf dem römischen Stuhle,
hatte durch seine Reformen alle italienischen Freiheitsträume des
Jahrhunderts wieder heraufbeschworen. Die ganze Halbinsel
jauchzte ihm zu. Alle nichtrömischen Unterthanen verlangten von
ihren Herrschern gleiche Zugeständnisse, gleiche Freiheiten, und als
man ihnen nicht willfahrtete, begannen die Drohungen, wurden
die lange mit Gewalt niedergehaltenen Leidenschaften entfesselt.
Schon tobte die Revolution im Königreiche beider Sicilien, in
Toscana hatte Großherzog Leopold noch eben durch kluges Ent=
gegenkommen die Herzen seiner Unterthanen gewonnen; alle Augen
richteten sich auf Karl Albert von Sardinien, ob er den gleichen
Weg der Concessionen einschlagen würde oder nicht. Er that es,
er brach mit seiner Vergangenheit. Am 30. October 1847 ver=
kündete ein Decret diesen bedeutungsvollen Umschlag; es wurde
die Gleichheit Aller vor dem Gesetze ausgesprochen, ein Straf=
gesetzbuch mit öffentlichem Verfahren verheißen, die Umgestaltung
des Polizeiwesens angeordnet. Grenzenloser Jubel der Bevölkerung
war der Dank, alle Städte des Reichs feierten ihre nicht enden
wollenden Freudenfeste.

Aber mitten unter dem Jubel der lauten Novembertage Tu=
rins gedachte ein Mann, ein Katholik, des Elends der armen, noch
immer rechtlosen Waldenser, die unter dem neuen Gesetze nicht

mit begriffen waren. Es war dieses der Marchese Roberto Tap=
parelli d'Azeglio, Bruder des Hauptredacteurs der jesuitischen Ci=
viltà cattolica in Rom. Er entwarf eine Adresse an den König,
in welcher derselbe um die endliche Emancipation der Waldenser
(und Juden) angegangen werden sollte. Im ganzen Reiche for=
derte er zu Unterschriften auf, selbst die Bischöfe des Landes er=
suchte er um ihre Theilnahme; er erhielt aber von ihnen allen
nur ausweichende oder geradezu abschlägige Antworten. Aber an=
gesehene Theologen, eine große Anzahl katholischer Geistlicher,
Staatsmänner, reicher Patricier, Juristen, Kaufleute, im Ganzen
gegen 600 Personen liehen willig ihre Unterschrift. An der Spitze
standen neben R. Azeglio der Graf Cavour und der inzwischen
verstorbene italienische Schriftsteller Cesare Balbo.

Lange Zeit blieb die Adresse unbeantwortet. Die politischen
Ereignisse hatten weiter vorwärts gedrängt. Neapel mußte eine
Verfassung geben (29. Januar 1848); Karl Albert von Piemont
entschloß sich zu dem gleichen Schritte. Am 8. Februar wurde
sie publicirt. Endlich hofften die Waldenser hier die Fürsprache
so vieler hervorragender Bittsteller berücksichtigt zu sehen. Aber
welch bittere Enttäuschung! „Die katholische apostolische römische
Religion ist die herrschende Religion des Staates. Alle übrigen
Culte werden geduldet nach Maßgabe der bestehenden Gesetze.“
Also die alten Blutgesetze noch immer entscheidend für ihre recht=
liche Stellung? Noch immer keine Toleranz, keine politische
Gleichsetzung mit den Katholiken? — Doch die Enttäuschung sollte
nur kurze Zeit währen. Die glänzende Erleuchtung der preußi=
schen, englischen, holländischen Gesandtschaftshôtels in Turin, die
zahllosen Freudenfeuer in den Thälern verkündeten eines Abends
das freudige Ereigniß: Ein königliches Motu proprio vom 17. Fe=
bruar hatte bestimmt: „die Waldenser treten in den Genuß aller
bürgerlichen und politischen Rechte unserer Unterthanen; sie dürfen
die Staatsschulen besuchen und die akademischen Grade erlangen.
Alle dem gegenwärtigen widersprechenden Gesetze sind aufgehoben.“

Ein neuer Abschnitt in der Geschichte der Waldenser hatte
begonnen. Bis dahin mit blutiger Gewalt in ihre engen Thäler

eingeschnürt, konnten sie nun ungehindert ein- und ausziehen, wohin
sie wollten, konnten Kirchen bauen auch außerhalb ihrer alten Heimath und frei öffentlich Zeugniß ablegen von dem Glauben ihrer Väter
an die unverdiente Gnade Gottes in Christo. Und manche geängstete
Seele sollte nun dem Worte ihrer Predigt zufallen und Frieden finden, den ihre Mutterkirche, die katholische, ihr nicht hatte geben können.

Hier wird es nun Zeit, daß wir eine kurze Rück- und Umschau halten in dem übrigen Italien, um zu verstehen, wie die in
leisen Regungen schon früher angebahnte evangelische Bewegung
in der neuesten Zeit einen so bedeutenden Aufschwung nehmen konnte.

Die Zeiten, wo ein Papst unter allgemeinem Beifallsruf der
Welt den Jesuitenorden aufhob, waren vorüber; die Bestrebungen
Italiens, wie anderer katholischer Länder im 18. Jahrhundert, die
übermäßigen Vorrechte des Clerus aufzuheben, den kirchlichen Verband mit Rom möglichst zu lösen, hatten im Verlaufe der Zeit
ihr Ende gefunden. Peter Leopold von Toscana konnte noch unter
der lebhaftesten Zustimmung Neapels, Parma's, der Lombardei mit
seinen kühnen kirchlichen Reformen vorwärtsgehen: seit der Restauration im Jahre 1814 war der Zug ein anderer geworden. Die
italienischen Fürsten, erschreckt von den an die kirchlich freie Bewegung sich anschließenden politischen Bestrebungen ihrer Völker,
suchten nun in dem engen Bündniß mit dem Papstthum ihr Heil
und den Bestand ihrer Dynastieen. Zu keiner Zeit wohl hat der
römische Stuhl so glänzende Eroberungen in der Welt gemacht,
als seit der Rückkehr des im Exil gealterten und gehärteten Pius VII.
„Die restaurirten südlichen Staaten glaubten in der Kirche ihren
sichersten Halt zu finden und suchten sich der religiösen Motive
zu bemächtigen. Die Kirche, die sich durch die entgegengesetzten
Bestrebungen dem Verderben geweiht sah, schlug in diesen Bund
ein; sie glaubte mit diesen Staaten zu stehen und zu fallen. So
bekam die Restauration der Staaten eine kirchliche, die Herstellung
der Kirche eine politische Farbe" *).

---

*) Worte Ranke's, Rom 1815—1823, in seiner historisch-politischen
Zeitschrift, 1832, S. 666.

Wie aber diese enge Verflechtung der beiderseitigen Interessen sich der naturgemäßen Entwicklung der italienischen Staaten hemmend in den Weg stellte, so schadete sie auch der römischen Kirche in hohem Maße. Die Geister gewöhnten sich daran, in die politische Opposition den Gegensatz gegen die Kirche mit hineinzuziehen. Man löste sich allmälig von dem unbedingten Gehorsam gegen Papst und Clerus, und die Bande, welche das Volk an die Kirche überhaupt fesselten, erschlafften. Von jeher ist man in Italien weniger päpstlich gewesen, als in andern katholischen Ländern. Der unmittelbare Anblick des römischen Hofes und des Treibens der höheren katholischen Würdenträger hat immer das Seinige gethan, um allzu hohe Ideen von der Unfehlbarkeit des Statthalters Christi niederzudrücken oder gar nicht aufkommen zu lassen. Aber in keinem Jahrhundert hat sich in Italien der geheime und offene Gegensatz gegen Rom in dem Maße gesteigert, als in dem gegenwärtigen. Die Berichte aller Reisenden stimmen in dieser Beziehung überein, und Schreiber dieses hat selbst während eines zweijährigen Aufenthaltes in Italien und im Mittelpunkte der katholischen Welt Gelegenheit genug gehabt zu beobachten, in wie weiten Kreisen diese Opposition verbreitet ist.

Von den verschiedensten Seiten erhebt sich der Gegensatz. Tausende, zumal unter den Gebildeten des Adels und des Mittelstandes, forderten seit lange laut die Abtrennung der weltlichen Macht Roms von der geistlichen, die Aufhebung der noch immer festgehaltenen Ausnahmestellung des gesammten Priesterstandes. Die neueste Zeit hat diese Forderungen bis in die untersten Schichten des Volks hinein verbreitet. Wie ernstlich schon früher ein ganzer Staat, der sardinische, in dieser Richtung den Kampf gegen Rom aufgenommen und durchgeführt hat, zumal durch die Siccardi'schen Gesetze, ist allgemein bekannt.

Eine gleich große Zahl, und diese hat ihre Vertreter in allen Klassen des Volks, will seit lange von Rom nichts wissen, weil es sich all den Träumen einer nationalen Einheit Italiens fest entgegensetzte. Pius IX. hat auf eine kurze Zeit die Augen aller solcher Enthusiasten auf seine Person gelenkt, und Italien hoffte

von ihm, was ein Papst doch nie und nimmer leisten kann. Es
hatte sich bitter getäuscht. Auf i h n concentrirt sich nun der Haß
und die Abneigung des größten Theiles des Volks, weil er das
einzige Hinderniß zu sein scheint für die Verwirklichung des Trau=
mes, der mit so gewaltigem Ernst aus dem Schatten in die Wirk=
lichkeit zu treten beginnt.

Noch Andere sind dem Papstthum abgeneigt, weil sich Rom
allem intellectuellen und socialen Fortschritte entgegensetzt. Man
betrachte das Unterrichtswesen im Kirchenstaate und den nach seinem
Muster regiert gewesenen Staaten, man schaue sich um in der fast
nicht vorhandenen Handelswelt, unter den Gewerken u. s. f., und
man wird verstehen, wie diejenigen, welche nach dieser Richtung
hin Verbesserungen herbeiwünschen, dem Papstthum, wie es heuti=
ges Tages ist, ihre Sympathieen nicht zuwenden können.

Aber freilich, daß die Herzen losgelöst werden von der unbe=
dingten Hingebung an päpstliche und priesterliche Herrschaft, das
ist noch keineswegs ein Schritt auf den Protestantismus hin. Von
da aus führen noch sehr verschiedene Wege zu sehr verschiedenen
Zielen. Man kann gewiß die Thatsache nicht verkennen, daß viele
Italiener, freilich nur in gebildeten Kreisen, in der Länge der Zeit
zwischen dem Papstthum, wie es jetzt besteht, und zwischen dem
Katholicismus zu unterscheiden gelernt haben. Es giebt noch
immer in Italien hin und wieder wirklich fromme Katholiken,
welche nach ihrer eignen Ueberzeugung himmelweit von dem Pro=
testantismus entfernt sind und doch einer geistigeren, lebendigeren,
freieren religiösen Denkungsart huldigen, als sie der strenge Katho=
licismus erlauben würde. Ihr religiöses Leben wächst auf dem
Grundsatze des allgemeinen Priesterthums und bewegt sich oft in
einer persönlichen Lebensgemeinschaft mit Christo, kraft deren es
ihnen möglich wird, sich theils von der Priesterherrschaft loszulösen,
theils auch einen warmen Verkehr mit gläubigen Protestanten zu
pflegen. Aber diese Richtung zählt doch immer nur wenige Ver=
treter, und diese selbst führen, in der dem Italiener so eignen
Indolenz und socialen Bequemlichkeit, ein stilles, in sich zurückge=
zogenes religiöses Privatleben, ohne ihrer Denkweise einen freien

Ausdruck nach außen zu geben. Nur einmal tauchte im Jahre
1854 von dieser Seite her in Savoyen ein Project auf, das damals auch in die deutsche Oeffentlichkeit gelangte, von dem aber
in der Folgezeit nichts wieder verlautet hat. Es wurde in jener
Zeit in Savoyen eine Flugschrift verbreitet, welche in 15 Artikeln
die Gründung einer katholischen, von Rom abgelösten savoyischen
Nationalkirche vorschlug. Artikel 1. lautete: Die römisch-katholische
Kirche der sardinischen Staaten constituirt sich als sardinisch-
katholische Kirche; sie erklärt ihre Unabhängigkeit von Rom. Artikel
2: Der König von Sardinien ist der souveräne Schutzherr der
Kirche seiner Staaten und hat als solcher darüber zu wachen, daß
die Kirche nichts unternehme, was dem Staat schaden könne. Die
Priester sollen vom Staat besoldet werden. Die Einheit der Kirche
wird durch Synodalversammlungen garantirt. Ein geistliches Pri-
mat überwacht die Erzbischöfe. Das kanonische Recht und die
Beschlüsse des Tridentinischen Concils sind abgeschafft. Die Tra-
dition hat als Quelle für die Dogmen keine Geltung mehr. Das
Lesen der heiligen Schrift ist gestattet, die Auslegung dem Gewissen
des Einzelnen überlassen. Das Abendmahl soll unter beiderlei
Gestalt gereicht, das Cölibat aufgehoben, die lateinische Sprache
im Cultus abgeschafft, ebenso ein Theil der Kirchenfeste von den
Wochentagen auf den Sonntag verlegt werden u. s. f. Wenn
auch wirklich die Echtheit dieses Schriftstückes in Zweifel gezogen
werden sollte, so sind die meisten darin gestellten Forderungen den
Wünschen mancher frommer Katholiken in Italien wirklich ent-
sprechend. Zumal wird in den weitesten Kreisen die Aufhebung
der Priestereehelosigkeit und die italienische Sprache für den Gottesdienst gefordert.

Wenn sich auf diese Weise Manche in ihrer Abwendung von
dem gegenwärtigen Bestande der römischen Kirche einer edleren
religiösen Denkweise zuneigen, so muß doch festgehalten werden,
daß der ungleich größere Theil von der Opposition gegen die herrschende Kirche aus einer völligen religiösen Gleichgültigkeit oder
frechem Läugnen aller christlichen Wahrheit verfallen ist. Die Wenigsten haben, wie die soeben Erwähnten, gelernt, zwischen der

katholischen Priesterkirche und der christlichen Religion zu unter=
scheiden. Und zwar trägt die römische Kirche selbst zum Theil die
Schuld daran. Sie verschmäht es ja, den Einzelnen zu christlicher
Selbständigkeit, zur Freiheit der Kinder Gottes heranzuleiten; sie
will sich das Recht wahren, zu bestimmen, was recht und unrecht
sei, was ein großes und was ein kleines Vergehen, was eine tödt=
liche und was eine läßliche Sünde sei; sie will verordnen, wie
viel Buße für dieses, wie viel für jenes Unrecht geleistet werden
muß; sie stellt sich überall zwischen Gott und den einzelnen Men=
schen; sie beansprucht, für ihn Gewissen zu sein, und erlaubt ihm
nicht, ein eignes Gewissen zu haben. Wenn nun dem Katholiken
die Autorität der Kirche zu wanken beginnt, wenn sein Glaube
an diese Alles bestimmende Priesterschaft zusammenbricht, dann
findet er sich einem großen Nichts gegenüber; sein Gewissen sagt
ihm wenig oder nichts mehr, es ist zur Ruhe gebracht, durch die
lange Unthätigkeit eingeschläfert. So verfällt er, so verfallen Un=
zählige einem wüsten Unglauben. Es ist erschreckend, wie in den
Städten Italiens feindlicher Spott gegen alle Religion, noch mehr
aber epikurischer, träger Unglaube, laue Gleichgültigkeit, materia=
listische und deistische Anschauungsweise um sich gefressen hat. Re=
ligiöser Indifferentismus hat ein unermeßliches Gebiet der katho=
lischen Kirche Italiens in Stadt und Land in Besitz genommen.
Nur auf dem Lande hängt das Volk noch zuweilen fester, in naiver,
aber doch auch meist gleichgültiger Unüberlegtheit an der über=
lieferten Religion und zieht sie in crassen Aberglauben herab. Die
Leute gehen regelmäßig zur Messe, beten ihren Rosenkranz, machen
die Processionen mit, beichten ihre Sünden, werden absolvirt —
und fühlen sich wohl in dem leichten Einerlei dieses kirchlichen
Treibens, wo es für jede Sünde eine Menge das Fleisch kreuzi=
gender, aber die Seele unberührt lassender Mittel giebt, die, falls
er gestört ist, den Seelenfrieden wieder herstellen.

Es leuchtet aus dem Gesagten ein, wie wenig eigentlich in
Italien in weiteren Kreisen der Boden für die echte evangelische
Wahrheit vorbereitet ist. Auf der einen Seite ist massenweise re=
ligiöse Unempfänglichkeit und sittliche Gleichgültigkeit eingetreten;

auf der andern findet das religiöse Bedürfniß noch immer Befriedigung in der katholischen Kirche, zu welcher das Zutrauen noch nicht erschüttert ist. In beiden Fällen findet das Wort der biblischen Wahrheit keinen Zugang. Nur ein kräftiges Wehen des Geistes Gottes, wie es andern Ländern in der neuesten Zeit auf so wunderbare Weise zu Theil geworden ist, kann auch hier in die Todtengebeine, welche weithin die schönen Gefilde Italiens bedecken, neues Leben hauchen; und unsre Gebete sollen dafür zu dem Gotte aller Geister hinaufsteigen.

Schon aber hat Er in einigen Seelen sein Werk getrieben. Es hat schon immer in Italien Katholiken gegeben, welche in ihrer Kirche den Frieden ihrer Seele nicht zu finden vermochten, welchen durch alle Vielgeschäftigkeit der todten Werke der innere Wahrheitssinn nicht ertödtet wurde, der mit lauter und immer lauterer Stimme ihnen zurief: Die mit des Gesetzes Werken umgehen, die sind unter dem Fluch, denn es stehet geschrieben: verflucht sei Jedermann, der nicht bleibet in alle dem, das geschrieben stehet in dem Buche des Gesetzes, daß er es thue. An solche geängstete Seelen erging in dieser neuesten Zeit wieder der evangelische Ruf: Seid getrost, Christus hat uns erlöset von dem Fluche des Gesetzes, da er ward ein Fluch für uns, auf daß der Segen Abraham's unter die Heiden käme in Christo Jesu, und wir also den verheißenen Geist empfingen durch den Glauben. Noch sollte es nicht von Italien heißen: Siehe, es kommt die Zeit, spricht der Herr Herr, daß ich einen Hunger in das Land schicken werde, nicht einen Hunger nach Brod oder Durst nach Wasser, sondern nach dem Wort des Herrn zu hören, daß sie hin und her, von einem Meer zum andern, von Mitternacht gegen Morgen umlaufen und des Herrn Wort suchen und doch nicht finden werden (Amos 8, 11 u. 12). Es sollte noch einmal ein Ruf an Italien ergehen, der zunächst freilich nur leise und verborgen erschallte, aber doch laut genug, daß Solche, denen Gott das Ohr geöffnet, ihn vernehmen und ihm Folge leisten konnten.

Man hat nun vielfach bei den jetzigen Evangelischen Italiens noch andere Motive zu ihrem Uebertritte angenommen, als diese

Angst um die Seligkeit ihrer Seele. Das weit in Deutschland verbreitete und von gewisser Seite her ängstlich genährte Vorurtheil wirft ihnen politische Beweggründe für ihren Confessionswechsel vor. Die Auffassung beruht auf einem großen Irrthum, und die sie immer wieder aussprechen, machen sich den evangelischen Italienern gegenüber eines schweren Unrechts oder doch einer großen Gedankenlosigkeit schuldig. Sollten denn die Leute aus ihrer Kirche geschieden sein, um sich durch die Zugehörigkeit zu einer doch immer noch verachteten und gehaßten „Secte" jede Wirkung in weiteren Kreisen unmöglich zu machen? Giebt es und gab es nicht immer in Italien radicale Katholiken genug, unter denen auch der Allerradicalste sich bewegen und Sympathieen gewinnen konnte, ohne seine Mutterkirche verlassen zu müssen? Sollten sie, wie das die Protestanten Italiens wirklich gethan haben, ihr engeres Vaterland verlassen, einer glänzenden, geachteten Stellung in der Welt den Rücken kehren, aus ihrer Familie ausgestoßen, verachtet, enterbt werden, soll der Priester sein Amt zurücklassen, um sich nun mit seiner Hände Arbeit sein täglich Brod zu verdienen, soll der Handwerker seine Kundschaft darangeben, der Kaufmann seinen guten Ruf — und dieses Alles nur, um sich auf politischem Gebiete, wo er ja der Voraussetzung nach eigentlich wirken will, selbst die Hände zu binden oder doch im günstigsten Falle auch keine weiteren Vortheile für eine ungehemmtere liberale Thätigkeit zu erlangen?! Sollten sich diejenigen, welche gegen die Regierung agiren wollen, bei dieser eben dadurch verdächtig machen, daß sie einer Secte beigetreten wären, die an sich außerhalb Piemonts in allen italienischen Staaten verboten und deren Glieder straffällig waren? Man begreift kaum, wie dieser Vorwurf hat erhoben werden können. Und doch wird immer noch nachgesprochen, was man von katholischer Seite in der Civiltà cattolica, in den historisch=politischen Blättern, im Univers u. s. w. zur Verdächtigung der italienischen Protestanten bei den Regierungen vorgebracht hat! Ist doch aber unter den vielen Verfolgungen, welche die Evangelischen, zumal Toscana's, haben erleiden müssen, kein einziger Fall vorgekommen, wo die Beschuldigung auf politische Vergehungen

3*

auch nur erhofen werden wäre! Vielmehr hat sich unter Andern der Generalstaatsanwalt Vecchierai in der Madiai'schen Angelegenheit, weil dieser Vorwurf von der katholischen Polemik immer wiederholt wurde, bewogen gefunden, von vornherein zu erklären, daß der Fall mit der Politik schlechthin nichts zu thun habe *). Man muß auch nur den Versammlungen dieser evangelischen Christen beiwohnen, sie beten und singen und predigen hören, um sofort zu verstehn, daß es sich in dieser Gemeinschaft um nichts und durchaus nichts Anderes handelt, als um das Heil der Seelen. Da ist von nichts die Rede, als von des Menschen Verderben und Gottes Erbarmen in Christo; und wenn, wie sich die Nothwendigkeit dazu leicht versteht, Controverse getrieben wird, so hat das mit der Politik gar nichts zu thun. Gegen die angemaßte religiöse Autorität des Bischofs von Rom wird allerdings auch gepredigt, wie das unsere Reformatoren in vielleicht heftigerer Weise gethan haben. Aber daß gerade jetzt auch politisch die Stellung des Papstes gefährdet ist, dafür können die Protestanten nicht. Sie leihen ihre Hand gewiß weniger dazu, als die Katholiken Italiens. Freilich ist diese Polemik oft das Mittel gewesen, eine Menge fremdartigen Stoffes heranzuziehen, von Leuten, die gern hören wollten, danach ihnen die Ohren jückten. Aber diese Alle sind gar bald aus den Versammlungen weggeblieben, sobald sie hörten, daß es sich hier um die Bekehrung des eignen innern Menschen handelte. Daß aber auch die Evangelischen sich von dem allgemeinen Wunsch des italienischen Volks nach einer freiern politischen Gestaltung ihres Vaterlandes nicht ausschließen, und daß sie von Herzen dankbar sind für die religiöse Duldung, die ihnen von Seiten der piemontesischen Regierung zu Theil wird, das kann man ihnen doch wahrhaftig nicht in einem besondern Maße zum Vorwurfe machen. Wenn irgend Jemand, so haben sie am allerersten das Recht dazu. Nur dürfen sie nicht auf verbotenem Wege ihren Wünschen Wirklichkeit geben wollen — daß sie das aber thäten, hat ihnen noch kein Mensch nachgewiesen.

---

*) In der Anklageacte und in der Gazetta dei Tribunali vom 23. Juni 1852.

Ebenso ungerechtfertigt ist der andere Vorwurf, den man gegen die evangelischen Christen Italiens erheben hört und der aus der gleichen trüben Quelle herstammt: sie seien nur durch das fremde Geld der Engländer und Schweizer zu der protestantischen Gemeinschaft herangelockt. Es läßt sich gewiß nicht abläugnen, daß Engländer und Genfer u. A. reichliche Unterstützungen nach Italien gehen lassen. Aber der Bedürftigkeit der dortigen Evangelischen ist noch lange nicht in dem Maße abgeholfen, daß nicht derjenige, welcher jenen schnöden Vorwurf ausspricht, mit gutem Gewissen eine Gabe nach Italien fließen lassen könnte, ohne daß er zu befürchten hätte, es würde ein tadelnswerther Gebrauch davon gemacht. Wie in den ersten Zeiten der Kirche, so heißt es auch jetzt wieder in Italien: Sehet an, liebe Brüder, euern Beruf, nicht viel Weise nach dem Fleisch, nicht viel Gewaltige, nicht viel Edle sind berufen; sondern Gott hat die Armen auf dieser Welt erwählet. Und Viele, welche zum Evangelium übertreten, verarmen eben durch diesen Schritt, verlieren das elterliche Vermögen, die alten Kunden, die Unterstützungen von Seiten der katholischen Kirche und sonstiger Gönner. Sollte nun die protestantische Kirche und ihre Glieder getadelt werden, wenn sie des Herrn Wort nicht unerfüllt bleiben lassen will: Es ist Niemand, so er verläßt Haus oder Brüder oder Schwestern oder Vater oder Mutter oder Weib oder Kinder oder Aecker um meinetwillen und um des Evangelii willen, der nicht hundertfältig empfange jetzt in dieser Zeit Häuser und Brüder und Schwestern und Mütter und Kinder und Aecker mit Verfolgungen und in der zukünftigen Welt das ewige Leben (Marc. 10, 39 u. 40)? Sollte der Mißbrauch, der, wie in allen menschlichen Dingen, so auch hier bisweilen sich gegen Willen und Wissen der Geber einschleichen kann, einen so scharfen Tadel auf den Gebrauch selbst herabziehen? —

Wir gehen nun, nach Abweisung dieser Verdächtigungen, in die Geschichte der evangelischen Bewegung in Italien selbst ein, und wollen es nicht verschmähen, sie bis in ihre leisesten Anfänge zurückzuverfolgen.

Noch ehe in geordneter Weise eine Evangelisation Italiens in's

Auge gefaßt war, hatten die Italiener vielfache Gelegenheit, evangelisches Wesen kennen zu lernen. Schon bei den vielen Reisenden, die aus protestantischen Ländern die Halbinsel überfluteten, konnte ab und zu echtes evangelisches Leben angeschaut werden, und gar manche Züge werden erzählt, wo ein solches Zusammentreffen auf Seiten der Italiener nicht ohne bleibenden Erfolg gewesen ist. Auch die Protestanten in den Fremdenregimentern legten hin und wieder einmal Zeugniß ab unter Kameraden und in den unteren Volkskreisen. Noch mehr Gelegenheit, evangelische Art kennen zu lernen, boten die allmälig an den protestantischen Gesandtschaften errichteten Kapellen. Natürlich war ein solcher Einfluß immer nur schwach, und der der letzteren nie direct. Aber wer ernstlich suchte, konnte doch wenigstens mit eignen Augen sehen, daß noch andere kirchliche Gemeinschaften bestanden, welche oft Persönlichkeiten von Achtung gebietendem christlichen Ernste in sich bargen; er konnte doch prüfen, wie weit Andere mit ihrem Bibelglauben gekommen waren, und es dann auch versuchen.

Aber alle diese Berührungen mit ausländischen Protestanten waren doch nur von untergeordneter Bedeutung. Das dem Italiener von Kind auf angelehrte und tief eingeprägte Vorurtheil gegen Alles, was Protestant heißt, wirkte immer hemmend ein. Man mußte ihnen selbst die Bibel in die Hand geben, zu eigner Prüfung, ganz abgesehen von anderen evangelischen Kirchengemeinschaften. Dieser Arbeit unterzogen sich nun seit dem Beginne dieses Jahrhunderts die verschiedenen Bibelgesellschaften. Von vielen Seiten ist ihr Werk, das sich im Stillen in Italien entfaltete, hart getadelt worden. Aber der Tadel ist doch sehr wenig gerechtfertigt. Zunächst scheut, wie gesagt, der Italiener den Anschluß an die bestehenden evangelischen Kirchen. Schon im 16. Jahrhundert zogen es selbst die bereits zu wirklichen Genossenschaften zusammengetretenen Evangelischen vor, sich nicht Luterani, Calvinisti, Protestanti zu nennen, sie wollten Brüder, Christen heißen. Und ebenso halten es die gegenwärtigen Gemeinden — sie wissen, daß sie mehr unter ihren Brüdern wirken, wenn sie nicht den verachteten und gebrandmarkten Namen tragen. Sodann

ist aber doch auch nicht zu vergessen, daß man es in Italien nicht
mit Heiden zu thun hat, unter die man etwa die Bibel würfe
und sie nun sich selbst überließe. Dann würden allerdings die
erhobenen Vorwürfe mehr gerechtfertigt sein. Aber hier handelt
es sich ja um Glieder einer christlichen Kirche, die zwar in Lehre
und Leben vielfach verderbt ist, aber doch ihre Glieder immer noch
in christlichen Lehren und Sitten aufzieht. Giebt man diesen das
wunderbare Buch in die Hand, aus welchem Luther in der Kraft
des heiligen Geistes zur Wiedergeburt der Kirche zeugte, so kann
man auch von demselben im Worte wirkenden Geiste erwarten,
daß er solche Seelen erleuchten und in Christo gründen könne.
So ist die vorbereitende Wirksamkeit der Gesellschaften, die mit
nicht ermüdender Treue die Bibeln verkauften, nicht hoch genug
anzuschlagen, wenn man nach den Ursprüngen der neuerwachten
evangelischen Bewegung in Italien forscht. Warfen doch auch
ihre Boten die heiligen Bücher nicht um sich und ließen nun auf=
heben, wer da wollte; sie gaben nur, wo gefragt wurde. Auch
schenkten sie nicht: wer den Schatz des Wortes zu besitzen begehrte,
mußte auch etwas dafür opfern wollen, mußte das Bewußtsein
haben, selbst das Buch erworben zu haben; dann fühlte er auch
eher die Verpflichtung, es zu lesen. Daß aber endlich in einem
Lande, wo die rechtmäßigen kirchlichen Behörden theils unthätig,
theils von den Grundwahrheiten des christlichen Glaubens weit
abgewichen sind, eine solche zum Bibelglauben bekehrende Thätig=
keit überhaupt verwerflich sei, wird doch auf evangelischem Boden
nicht ernstlich behauptet werden können. Gottes Rechtsanspruch
auf seine Creaturen übertönt alle Ansprüche einer Seinem Worte
sich nicht unbedingt unterwerfenden Kirche an die Zugehörigkeit
ihrer „durch historisches Recht an sie gebundenen" Glieder.

Diese Wirksamkeit der Bibelgesellschaften hatte schon unter
Gregor XVI. eine solche Ausdehnung gewonnen, daß dieser Papst
sich gedrungen fühlte, in einer Encyclica vom 8. Mai 1844 ener=
gisch dagegen aufzutreten. Auch Pius IX. sah es für eine seiner
ersten Aufgaben an, seine Bannstrahlen gegen sie zu schleudern.
Schon am 9. November 1846, also wenige Monate nach seiner

Stuhlbesteigung, erließ er ein Rundschreiben, wo er die „schlauen (vaserrimae) Bibelgesellschaften, welche den Unmündigen die nach eignem Ermessen ausgelegten Bibeln aufdrängten", auf's Neue verdammte. Aber dennoch hatte das Evangelium seinen Fortgang. Im Neapolitanischen, im Kirchenstaat und Rom selbst, im nörd= lichen Italien setzte sich allmälig eine beträchtliche Zahl Katholiken in den Besitz der Bibel und suchte darin die Nahrung für ihre Seele.

Einen besonders erfreulichen Fortschritt fand das Werk in Toscana. Hier bestanden noch immer die humanen leopoldinischen Gesetze, welche weder Häresie noch Religionswechsel bestraften und gegen Abfall von der katholischen Kirche nur in dem Falle ein= schritten, daß der Apostat sich zum Sectenhaupte machte und die öffentliche Ordnung und die Ruhe der Gewissen störte da= durch, daß er in öffentlichem Auftreten Proselyten zu machen suchte oder wirklich machte; und selbst dann wurde ein solcher nicht als Apostat bestraft, sondern als Demagog. Es war nicht zu verwun= dern, daß hier die Bibelgläubigen sich besonders sicher glaubten. Im Jahre 1827 wurde in Florenz gleichzeitig mit der Stiftung einer preußischen Gesandtschaft eine protestantische Kapelle begrün= det und unter preußischen Schutz gestellt, in welcher neben sonn= täglichem deutschen und französischen Gottesdienst auch alle vier= zehn Tage für die ziemlich zahlreichen Graubündner Protestanten in Florenz, meist Bäcker und Conditoren, in italienischer Sprache gepredigt wurde. Der Gottesdienst sammelte zwar nicht eben viele Theilnehmer, mag aber auch ab und zu von Toscanern besucht worden sein. Im Jahre 1838 trat in Florenz in Verbindung mit der Kapelle ein Institut in's Leben, welches nicht ohne Be= deutung für das Evangelium werden sollte, das sogenannte Institut des pères de famille. Mehrere protestantische Familienväter, welche ihren Kindern eine solide christliche Erziehung geben wollten, traten zu= sammen und gründeten eine Schule für Kinder katholischer wie protestantischer Eltern. Es sollte Unterricht ertheilt werden im Deutschen, Englischen, Italienischen, Französischen, Lateinischen, auf Wunsch auch im Griechischen, in der Geschichte, Geographie u. s. w.

An der Spitze stand ein Comité von 6 oder 9 Gliedern, welche
aus den Vätern der die Anstalt besuchenden Knaben gewählt und
von dem Geistlichen der evangelischen Kapelle präsidirt wurden.
Die Pastoren an der anglicanischen und schottischen Kirche hatten
das Recht des freien Zutritts. Noch heutigen Tages besteht die
Anstalt und erfreut sich unter der Leitung des Directeur spécial,
Mr. Champendal, eines schönen Aufschwungs. Nur durften eine
Zeitlang, seit 1852 bis auf die jüngsten Ereignisse in Toscana,
keine katholischen Kinder mehr aufgenommen werden. Im Beginne
der Anstalt trugen zwar katholische Eltern auch Scheu, ihre Kinder
am Unterrichte theilnehmen zu lassen; als sie aber sahen, wie vortrefflich dieselben gediehen, und wie wenig man die Schule als
Mittel protestantischer Propaganda mißbrauchte, fühlten sie sich mehr
angezogen und fanden sich gedrungen, auch den evangelischen Gottesdienst zuweilen zu besuchen. Jedenfalls war der Verkehr und die
geistige Berührung mit den Kindern und Eltern protestantischer
im Lande sich aufhaltender Familien nicht ohne entschiedenen Einfluß auf das religiöse Leben der Katholiken. Ueberhaupt hat die
Erziehungsfrage in Toscana die thätige Mitwirkung von protestantischen Kräften herbeigezogen; noch ehe der Unterrichtsminister
Lambruschini die Thätigkeit für Kinderschulen und Kinderasyle an-
regte, hatte eine Protestantin, Fräulein Calandrini (aus einer in
Genf eingewanderten italienischen Familie), solche Schulen gegründet,
und Lambruschini wurde später (1853) öffentlich verdächtigt wegen
des Verkehrs, den er damals mit Protestanten gepflogen hatte.
Er reinigte sich durch einen Brief an Gualterio, den dieser drucken
ließ *).

In jener Zeit der ersten Regung evangelischen Glaubens in
Florenz und Toscana trat der Graf Guicciardini, mit dessen weiterer Geschichte wir uns später zu beschäftigen haben werden, zur
evangelischen Wahrheit über und besuchte seit etwa 1841 den protestantischen Gottesdienst. Auch das Ehepaar der Madiai war
lange protestantisch, ehe die Verfolgung über sie hereinbrach. Es

---

*) Lettera di Raffaello Lambruschini a F. A. Gualterio, Genova 1853.

fanden im Stillen in Florenz schon kleine Zusammenkünfte von Italienern statt, in welchen sie gemeinschaftlich beteten und aus der heiligen Schrift sich erbauten.

So stand es, als die Stürme des Jahres 1848 über Italien hereinbrachen.

Zuerst wurde das Königreich Neapel in den Strom der blutigen Revolution hereingezogen. König Ferdinand II. sah sich genöthigt, nach vergeblichem Kampfe gegen Sicilien, seinem Lande eine Constitution zu geben, am 29. Januar 1848. Während aber in andern italienischen Staaten durch die neuen Verfassungen Freiheit der Religion ausgesprochen wurde, erklärte hier eine Bestimmung ausdrücklich, daß keine andern Culte neben der römischen Kirche geduldet werden sollten. Für Neapel war die Zeit religiöser Toleranz noch nicht gekommen; und als unzählige politische Flüchtlinge nach Unterdrückung der Revolution ihre Heimath verließen, kehrten auch manche der im Stillen durch die Bibel gläubig Gewordenen Neapel den Rücken. Sie gingen meistens nach Sardinien oder nach Malta.

Was die neuesten Verwicklungen in dem Königreiche beider Sicilien für das Evangelium herbeiführen werden, liegt noch in der Zukunft verborgen.

So lange Pius IX. an der Spitze der italienischen Bewegung stand, boten Rom und der Kirchenstaat dem Evangelium wenig Eingang, obgleich auch hier die Bibel ihre Abnehmer gefunden hatte. Vincenzo Gioberti, der weithin bewunderte Philosoph der Einheit Italiens, dessen Phantasiebild eines mächtigen italienischen Staatenbundes unter dem Vorsitze eines frommen Papstes durch Pius Wirklichkeit erhalten zu sollen schien, forderte ja für seinen Idealstaat die Unterdrückung aller Irrlehren, damit in keinem Punkte der brüderlichen Einheit der Halbinsel zu nahe getreten würde Aber diese Ideale schwanden bald. Am 25. November 1848 floh Pius nach Gaëta; am 5. Februar 1849 erstand die römische Republik. Die Aussichten für das Evangelium schienen günstiger. Unglaublich abgeschmackte Gerüchte sind damals verbreitet worden über den angeblich reißenden Fortschritt des Evangeliums in Rom

und im Kirchenstaat. Mazzini selbst sollte viele tausende Exemplare
Diodatischer Bibeln in Rom eingeführt und eigenhändig den Volks=
lehrern einen protestantischen Katechismus für den Unterricht über=
wiesen haben! In Ancona wäre nach diesen Berichten mehr als
die Hälfte der Einwohnerschaft dem evangelischen Verein beigetreten!*)
Es ist nicht nöthig, diese Thorheiten zu widerlegen; sie verdanken
wahrscheinlich gehässiger Parteisucht ihren Ursprung. Nur so viel
ist richtig, daß allerdings in jener Zeit der römischen Republik, wo
die Freiheit der Culte ausgesprochen war, die schon bestehenden
Keime evangelischen Lebens wuchsen und in der ungehinderten Ge=
meinschaft erstarkten. Besonders thätig wirkte damals ein Dottore
Achilli in Rom, der, ursprünglich Priester in Viterbo, dann eine
Zeitlang Studiendirector am Collegium der Minerva in Rom, zum
Protestantismus übergetreten war und auf Malta in stiller Zurück=
gezogenheit lebte, bis er im Februar 1849 nach Rom ging. Seit
der Einnahme der Stadt aber durch die Franzosen, am 3. Juli
1849, und seit der Rückkehr des Papstes im April 1850 mußte
sich das evangelische Leben wieder in völlige Verborgenheit zurück=
ziehen. Auf den Uebertritt zum Protestantismus in den päpstlichen
Staaten steht seitdem Galeerenstrafe. Jener Doctor Achilli aber,
der seit Juli 1849 von den Franzosen in der Engelsburg gefangen
gehalten wurde, erhielt durch Vermittlung des englischen Consuls
Gelegenheit zur Flucht nach England.

Ob die kleine, gegen hundert Glieder zählende, italienisch=evan=
gelische Gemeinde in Rom je an das Licht der Oeffentlichkeit wird
treten können, wer darf darüber Vermuthungen aufstellen?! Sie
erhält nur in der tiefsten Verborgenheit ihren Verkehr mit andern
evangelischen Gemeinschaften.

Unverhältnißmäßig wichtiger wurden die politischen Ereignisse
für die Sache der Evangelisation im Norden der Halbinsel. Wir
haben gesehen, wie im Königreich Sardinien den Waldensern

---

*) So z. B. in der Allgem. Kirchenzeitung von 1850, Nr. 13 und 15.
Wer des Weitern wissen will, wie Mazzini zum Christenthum steht, der lese
das interessante Gespräch, das Gelzer mittheilt, Protest. Briefe aus Süd=
frankreich und Italien, 1852, S. 67 ff.

freie Religionsübung gestattet wurde. In Mailand wagte doch wenigstens die schweizerisch = deutsche Gemeinde, die bisher nur amtlich ignorirten Privatgottesdienst halten konnte, im Jahre 1848, sich einen Prediger zu berufen (H. Pastor Kind aus Chur). Sie wurde zwar nachher unterdrückt, aber Feldmarschall Radetzky verschaffte ihr wieder Freiheit, in der sie, bei vielfachen Beschränkungen, bis auf die neuesten Ereignisse verblieb. Der italienischen Predigt des Evangeliums blieben aber die österreichischen Staaten nach wie vor verschlossen.

Aber in Toscana sprach nun die vom Großherzog Leopold II. am 17. Februar 1848 gegebene Constitution die Duldung der nicht= katholischen Gottesdienste aus. Artikel I. lautete: Die katholische apostolische römische Religion ist allein Staatsreligion. Alle be= stehenden Culte sind erlaubt. Art. II. erkennt an und erklärt, daß alle Bürger, welchen Cultus sie auch ausüben, vor dem Gesetze gleich sind. Das war von der größten Bedeutung für die recht= liche Stellung der kleinen Schaaren von Protestanten in Toscana, welche bisher trotz der Leopoldinischen Gesetze doch nicht hätten wagen dürfen, sich öffentlich zu versammeln. Wenn nun auch an= fangs in dem lauten Getöse des bewegten politischen Lebens die Gemeinde nicht beträchtlich wuchs, so wuchs doch ihr Gefühl der Sicherheit und es konnten sich festere Formen der kirchlichen Ge= meinschaft bilden. Man ersuchte die Table vaudoise, die oberste Kirchenbehörde der Waldenser, einen Prediger nach Florenz zu schicken, der in italienischer Sprache daselbst Gottesdienste halten und die kleine Gemeinde pflegen sollte. Natürlich schickte die „Tafel" mit größter Bereitwilligkeit einen tüchtigen Geistlichen, den Herrn Barthélemy Malan. Konnten sie doch hier zum ersten Male in weiteren Kreisen die willkommene Pflicht ausüben, zu welcher sie bewahrt worden waren bis in die Zeiten religiöser Duldung! Herr Malan wirkte in Florenz mit großem Segen; er ging hin und her in den Häusern und stärkte die Brüder. Und als er sich allein dem Werke nicht mehr gewachsen fühlte, sandte die Table noch einen andern Geistlichen nach, den Herrn Geymonat, welcher auch dem Prediger an der schweizerisch=deutschen Kirche, Herrn Colomb, seine thätige Beihülfe anbot für die italienische Predigt an dieser

Kapelle. Jetzt wurde dieselbe außer von Graubündnern auch zahl=
reich von Toscanern besucht, welche entweder schon zum Protestan=
tismus übergetreten waren, oder sich doch von demselben angezogen
fühlten. Daneben versammelte man sich noch immer fleißig in
den Häusern zu Gebet und biblischer Betrachtung.

Aber bald zogen sich drohende Wolken über die Häupter der
Evangelischen zusammen. Am 27. Juli 1849 war, nach kurzer
selbstgewählter Abwesenheit, Leopold II. mit österreichischen Truppen
in Florenz wieder eingezogen. Vorher mild und allgemein beliebt,
zeigte er sich nun hart und unzugänglich. Er soll bei seiner Rück=
kehr erklärt haben, er sei fest entschlossen, den Protestantismus in
seinem Staate auszurotten, sollte man ihn auch der Nachwelt als
ein Greuel von Grausamkeit schildern*).

Noch im Jahre 1849 sollten die Evangelischen von dieser
Gesinnung eine Erfahrung machen**). Ein irländischer Oberst,
Mr. Pakenham, hatte es unternommen, in Florenz selbst italienische
Bibeln drucken zu lassen. Er hatte sich, bei Abwesenheit des Groß=
herzogs, an den Marquis Gino Capponi gewendet, damals Mit=
glied der Regierungsbehörde, um ihm den Druck anzuzeigen, und
dieser hatte ihm persönlich erklärt, daß die Regierung sich dem
Drucke nicht widersetzen werde. Die Regierungscommission selbst
faßte jedoch hierüber keinen Beschluß. Pakenham trat nun in Ver=
bindung mit dem Buchdruckereibesitzer Giovanni Benelli, und der
Druck begann. 3000 Exemplare des von dem Florentiner Erz=
bischof Martini übersetzten Neuen Testaments ohne Noten waren
bereits vollendet, und andere Exemplare der Diodatischen Ueber=
setzung noch unter der Presse, als am 14. August 1849 Polizei=
beamte in der Druckerei erschienen und Alles, was bisher fertig
geworden war, confiscirten. Benelli selbst wurde gleichzeitig an=
geklagt, die Preßgesetze überschritten zu haben, und das Erkenntniß
vom 21. Januar 1850 verurtheilte ihn zur Geldstrafe von 50 Scudi

---

*) The home and foreign Record of the Free Church of Scotland, 1853,
March, p. 215.

**) Vergl. Difesa di Giovanni Benelli imputato di trasgressione alle
leggi di stampa, Firenze, tipografia Le Monnier (ohne Jahreszahl).

(gegen 75 Thaler), Confiscation der 3000 fertigen Martini'schen und der im Druck befindlichen Diodatischen Bibeln und zum Tragen der Proceßkosten. Ein Cassationsgesuch, das Benelli einreichte, hatte nur die Bestätigung des ersten Urtheils zur Folge. Oberst Pakenham wurde aus dem Lande verwiesen.

Dieser erste Schritt weissagte wenig Gutes für die Folgezeit, hatte aber zunächst nur die Bedeutung, in weitern Kreisen die Katholiken auf die evangelische Bewegung in Florenz aufmerksam gemacht zu haben. In auffallender Weise vermehrte sich der Zudrang zu der protestantischen Kapelle und eine große Zahl trat definitiv zu dem Protestantismus über. Man konnte es bald ahnen, daß das nicht ungestraft hingehen würde. Und dennoch bestand rechtlich noch immer die Verfassung von 1848, welche alle Culte freistellte und um der Religion willen keine Beeinträchtigung der bürgerlichen Rechte und Freiheit verhieß! Erst am 6. Mai 1852 ist sie förmlich aufgehoben worden.

Nun brach das für die Florentinische Gemeinde so verhängnißvolle Jahr 1851 an. Schon am 19. Januar, dann am 26., und endlich noch einmal am 2. Februar drangen Polizeibeamte und Gensdarmen in Uniform in die unter den Schutz Sr. Majestät des Königs von Preußen gestellte evangelische Kapelle. Sie kamen, um die Zahl derjenigen Toscaner festzustellen, welche am protestantischen Gottesdienste theilnahmen. Nachdem alle Namen verzeichnet worden, wurde jedem Einzelnen unter ihnen (es waren gegen 120 Personen) der stricte Befehl zugestellt, sich des Besuches der protestantischen Kapelle zu enthalten, bei Strafe von 8 bis 60 Tagen Gefängniß im Falle des Ueberschreitens. Sonntäglich postirten sich nun Gensdarmen vor die Kapelle, welche eine ungeheure Aufmerksamkeit auf die ganze protestantische Angelegenheit zogen. Zugleich veranlaßte die Regierung den preußischen Gesandten, das Consistorium der Schweizer Kirche aufzufordern, den Gottesdienst in italienischer Sprache ganz aufhören zu lassen. So wurde auch den 400 italienisch redenden Graubündnern in Florenz ein Gottesdienst unmöglich gemacht, auf welchen sie ein Recht hatten und zu welchem sie Beisteuer zahlten.

Aber damit war nur ein Anfang gemacht der Verfolgung, die nun hereinbrechen sollte. Zunächst wandte man sich gegen die zwei waldensischen Geistlichen, welche einige Zeit unter den Florentinern gewirkt hatten. Wie oben bemerkt wurde, pflegten die evangelischen Christen sich oft in geringer Zahl in Zimmern zusammenzufinden und aus dem Worte Gottes zu erbauen. So war auch eines Abends im Monat März Herr Geymonat mit vierzehn jungen Leuten auf einer Stube beisammen*). Sie lasen eben das zehnte Capitel im Matthäus und standen am 24. Verse: der Jünger ist nicht über seinem Meister. Da klopft es an. Zwei Polizeiagenten treten ein. Die Bibel wird confiscirt, die Anwesenden sollen am nächsten Tage auf der Polizei erscheinen. Der Prediger wird als Fremder und als Verkündiger des Worts für den Schuldigsten erklärt. Man behält ihn zwei bis drei Tage im Gefängniß, und dann wird ihm eine Verfügung mitgetheilt, wonach er über die Grenze geschafft werden soll. Kein Freund darf ihn sehen und ihm eine Unterstützung zur Reise darreichen. Er darf sich kein Geld, kein Kleidungsstück von Hause holen, sondern wird unmittelbar aus dem Gefängniß auf den Bahnhof gebracht. Ein Polizeicommissar in bürgerlicher Kleidung, der ihn noch ziemlich artig behandelt, begleitet ihn bis Lucca. Hier wird der Diener Christi in einem schmutzigen Loch des Gefängnisses 24 Stunden untergebracht und dann den Gensdarmen übergeben. Diese behandeln ihn mit der größten Rohheit und binden ihn sogar, an Händen und Füßen durch Schellen gefesselt, mit einem Vagabunden zusammen, der wegen Diebstahls verhaftet worden war. Zu Pietra santa, nahe an der modenesischen Grenze, wird er in einen abscheulichen Thurm geworfen; die Ausdünstungen waren so verpestet, daß er nicht glaubte, sie bis zum Morgen ertragen zu können. Der Herr hielt ihn aufrecht und ließ ihn mit dem ersten Morgenstrahl seine nahe Befreiung sehen. Sobald er piemontesischen Boden

---

*) Das Folgende ist aus den „Mittheilungen über die Madiai'sche Angelegenheit" entnommen, welche der evangelische Verein 1852 in Berlin drucken ließ.

betrat, in Sarzana, ließ man ihn frei. Herr Malan, der vor Geymonat nach Florenz geschickt worden war, hatte inzwischen auch Befehl erhalten, Toscana binnen drei Tagen zu verlassen. Ihn traf diese Bestimmung um so schwerer, da er seine Familie bei sich hatte und sich schon gewöhnt hatte, Florenz als seinen festen Wohnsitz anzusehen. Seine Vorstellungen, daß ihm ja kein Verbrechen zur Last fiele, und der Hinweis auf seine Familie waren völlig vergebens; man antwortete, eben in besonderer Rücksicht auf seine Familie sei ihm eine dreitägige Frist bewilligt worden, die Verfügung solle er als unwiderruflich ansehen. Er schickte sich an, die Stadt zu verlassen; aber noch ehe er ihr den Rücken gekehrt, sammelten sich, unbekümmert um die Polizei, von allen Seiten die Freunde des Evangeliums, um ihrem geistlichen Führer ihre Anhänglichkeit und Theilnahme zu beweisen.

Auch diese Maßnahmen verfehlten aber ihren Zweck. Statt daß sich die Zahl der Protestanten verkleinerte, vermehrten sich nur die Privatversammlungen zu Gebet und Betrachtung des Evangeliums. Die lebendigsten Christen stellten sich an die Spitze; die Wankenden befestigten sich; die Lauen wurden von neuem Eifer beseelt. Aber die Verfolgung schritt fort.

Unter den im Anfang des Jahres in der protestantischen Kapelle betroffenen Toscanern war auch der edle Graf Pietro Guicciardini, ein Nachkomme des berühmten italienischen Geschichtschreibers desselben Namens *).

Am 17. Februar stellte er sich in der Kanzlei des Delegaten von Santo Spirito. Nach einem kurzen Verhöre, in welchem er den Besuch der protestantischen Kapelle natürlich nicht läugnete, ihn aber vertheidigte, weil es ihm weder sein Gewissen noch die Gesetze des Landes verböten, wurde ihm bemerkt, daß auf höhern Befehl es allen Katholiken verboten werden sollte, protestantische Kirchen zu besuchen, und daß er sich dem ebenfalls zu fügen haben werde.

---

*) Hiezu ist benutzt: Documenti relativi al processo e incarcerazione del Conte Pietro Guicciardini ed altri esiliati dalla Toscana con Decreto del 17 Maggio 1851. Es enthält Auszüge aus dem Tagebuche des Grafen und die betreffenden Documente.

Graf Guicciardini wies dieß ab; sein Gewissen verbiete ihm durch=
aus nicht, an irgend welchem Orte Gottes Wort zu hören. Ueber=
dieß sei der Minister des Innern, Landucci, als er 1847 Präfect
von Florenz gewesen, mit seinen religiösen Anschauungen hin=
länglich bekannt geworden und habe nichts dawider gehabt. Auch
sei durch das Staatsgrundgesetz die Gewissensfreiheit sanctionirt
und allen Bürgern der Genuß der bürgerlichen Rechte gesichert,
mögen sie zu einer Religion gehören, welcher sie wollen. Diese
Erklärungen mußte er mit Namensunterschrift erhärten. Trotz
seiner Ausführungen wurde ihm jedoch am nächsten Morgen vom
Delegaten Fei der Entscheid zugestellt: „Graf Guicciardini hat sich
auf ein Jahr des Besuchs aller protestantischen Kirchen zu ent=
halten, widrigenfalls er acht Tage bis zwei Monate Gefängniß=
strafe zu erleiden haben wird." Begründet wurde dieses Urtheil
nur durch den stattgehabten Besuch der protestantischen Kapelle;
ob dieser selbst durch die Gesetze und durch welche er verboten oder
erlaubt sei, wurde unberücksichtigt gelassen.

Sofort recurrirte der Graf an den Präfecten von Florenz,
Herrn Petri. Zugleich aber ging er in eigner Person zum Minister
des Innern, Landucci, um bei ihm selbst seine Sache zu führen.
Aber vergebens; der Minister wies ihn auf internationale
Rücksichten, welche ein scharfes Vorgehen geböten; er könne
es nicht ändern und der Graf habe sich zu fügen.

Am 26. Februar erschien bei Guicciardini, von Landucci ge=
schickt, eine dem Ersteren nahe stehende Person, welche eine Ver=
mittlung herbeiführen sollte. Die erste Erklärung, welche diese
ihm gab, war, daß die näheren Beziehungen zu Rom, in
welche Toscana soeben eingetreten sei (es bereitete sich das im
Juni geschlossene Concordat vor), die Regierung zwängen, dem
Besuch der protestantischen Kirche von Seiten toscanischer Unter=
thanen entgegenzutreten. (Ein neuer Beleg für die oben besprochene
Erscheinung, daß jede Annäherung an Rom die Unterdrückung des
Protestantismus zur Folge hat.) Der Minister ließ ferner dem
Grafen eröffnen, daß, wenn er für seine Person durch ein münd=
liches Versprechen sich binde, die evangelische Kirche nicht mehr

zu besuchen, jener Entscheid des Delegaten von der Präfectur cassirt werden könne; die Regierung suche jeden Zusammenstoß mit hervor= ragenden und ehrbaren Bürgern zu vermeiden. Nun erklärte sich zwar Graf Guicciardini für seine Person bereit, dieses Versprechen zu geben und, wenn auch mit großem Schmerze, auf seine Freiheit zu verzichten. Aber dann müsse er verlangen, daß auch allen denen gegenüber, welchen jenes Verbot zugekommen sei, in gleicher Weise gehandelt werde. Es würde dann Keiner mehr öffentlich die pro= testantische Kirche besuchen. Doch müsse es ihnen freistehen, sich privatim in kleinen Versammlungen zusammenzufinden, denen die Regierung Sicherheit vor polizeilicher Nachforschung und polizei= lichem Verbot garantiren müsse. Sie könne ihrerseits gewiß sein, daß solche religiöse Versammlungen nie sich zu politischen Vereinen gestalten, auch nie Proselytismus zu ihrem Zwecke machen würden. Seit sehr langer Zeit haben dergleichen Vereine schon bestanden und seien doch nie dem Staate gefährlich oder ärgerlich geworden.

Am 2. März brachte dieselbe Mittelsperson dem Grafen Guic= ciardini die Nachricht, daß der Befehl des Delegaten für seine Person zurückgenommen, auch ihm gestattet sei, sich mit vier oder fünf Glaubensgenossen zu religiöser Beschäftigung zu vereinigen. Auf die Uebrigen aber könne diese Nachsicht nicht ausgedehnt werden, „da es ein Schaden und ein Aergerniß für die Gesellschaft sein würde, wenn das Volk seine Religion wechseln dürfte".

Die edle Antwort lautete, es sei nicht billig, eine solche Unter= scheidung der Personen zu machen; er betrachte die Sache der Uebrigen, wiewohl er nur Einen von ihnen persönlich kenne, völlig als die seinige, und wenn die Regierung dieses nicht thäte, so möge sie in Bezug auf den eingereichten Recurs an die Präfectur han= deln, wie es ihr gut dünkte; er werde auch seinerseits seine Schritte zu wählen wissen.

Die Erwiderung der Regierung vom 14. April bestätigte nun einfach die Entscheidung des Delegaten, berief sich aber nicht mehr auf „höheren Befehl", sondern auf die „Gesetze". Graf Guicciar= dini wollte seinerseits die Competenz der Polizei, Uebertretungen der Gesetze vor ihr Forum zu ziehen, bestreiten und auf Unter=

suchung vor den ordnungsmäßigen Tribunalen dringen. Aber ein weiterer Schritt der Regierung überhob ihn schnell aller solcher Ueberlegungen und wies ihm den Weg, den er zu gehen habe.

Am 25. April wurde ein neues Gesetz publicirt, welches der Polizei das Recht zusprach, auf bloßen Verdacht hin, ohne weiteren Proceß, ohne alle Oeffentlichkeit, toscanische Bürger für ein Jahr in die Festungen oder auf die Inseln des Großherzogthums zu schicken; und zwar war ausdrücklich bemerkt, daß der Verdacht sich nicht nur auf politischem, sondern auch auf religiösem Gebiete erheben könne. Der Sinn dieses Gesetzes war klar. Graf Guicciardini entschloß sich, seine Heimath zu verlassen und nach England zu gehen. Er setzte auf den 10. Mai die Abreise fest. Ehe er aber schied, schrieb er noch an die zurückbleibenden evangelischen Freunde einen Brief, datirt vom 3. Mai, voller Liebe und voller gläubigen Zuversicht, worin er sie beschwört, bei den herannahenden Zeiten der Verfolgung nicht zu wanken und festzuhalten an dem Glauben an das rechtfertigende Blut Christi. Er ruft sie zu Zeugen auf, daß er die Gesetze geachtet, daß er das Beispiel gegeben und ermahnt habe, der Obrigkeit zu gehorchen, daß er nie Reichthümer oder Ehren erstrebt, daß er Keinen durch Gold oder Silber oder Schmeicheleien gelockt habe, um ihn zu dem Glauben an Jesum Christum zu ziehen. Sodann läßt er ihnen sein Glaubensbekenntniß zurück und fordert sie auf, daran festzuhalten. Es ist der alte Glaube an den dreieinigen Gott, der Himmel und Erde und Alles, was darinnen ist, geschaffen hat; an die Sünde durch den Fall und an das erbliche Verderben, mit welchem die Menschen unter Gottes Zorn geboren werden; an die unverdiente, durch den einigen Mittler, den Gottmenschen, am Kreuz erworbene Gnade und Vergebung der Sünden um Seines stellvertretenden Todes willen; der Glaube, daß diese Gnade nur durch den von Gott geschenkten Glauben angeeignet werden könne und daß die heilige Schrift klare und genügende Kunde von dem Heilswege gebe; der Glaube endlich an die Kirche, d. i. die Gemeinschaft der Gläubigen, an die Taufe zur Vergebung der Sünden im Namen des Vaters, des Sohnes und des heiligen Geistes, an das heilige Abendmahl nach

4*

reformirter Lehre und an die Auferstehung zur Herrlichkeit oder zum Gericht, zur ewigen Strafe in der Hölle oder zum ewigen Leben in der Gemeinschaft mit Gott. Hieran schließt er die Er= mahnung zum Gebet und zum Brodbrechen hin und her in den Häusern, wozu jeder Christ als ein Hoherpriester das Recht habe. „Es sind dazu weder besondere Zurüstungen, noch besondere Formen, noch besondere Personen erforderlich. Und es ist gut, daß man dieß wisse in schwierigen und Verfolgungszeiten, wie die gegenwärtigen sind, in welchen die wahre Kirche keine äußere Gestaltung haben darf."

Nachdem Graf Guicciardini so die Gemeinde getröstet und er= mahnt hatte, rüstete er sich zur Abreise. Am 7. Mai wollte er der Familie Betti, die er seit lange kannte, noch einmal Lebewohl sagen; und als er Fedele Betti auf der Straße antraf, kündigte er ihm für den Abend seinen Besuch an. Als er Abends gegen acht Uhr auf einem Spaziergange mit einem Freunde, Angiolo Guarducci, an das Haus Betti's kam, forderte der Graf seinen Begleiter auf, mit einzutreten, wenn er auch Betti nicht bekannt wäre. Kurz vorher hatte dieser sein Haus betreten mit einem Herrn Cesare Magrini, der, als er von Guicciardini hörte, seine alte Bekanntschaft mit ihm von vor zwölf Jahren erneuern wollte. Außerdem waren noch ihrer Gewohnheit gemäß drei Handwerker bei Betti, welche nach dem Feierabend oft zu ihm kamen, Carlo Solaini, Sabatino Borsieri und Giuseppe Guerra. Unverabredeterweise trafen sich also die sieben Männer bei Betti und lernten sich zum Theil erst dort kennen. Man sprach viel von der beabsichtigten Reise Guicciardini's; und beim Abschiede schlug der Hausherr, der wußte, daß Alle für sich die Bibel lasen, vor, sich noch durch ein Schriftwort zu er= bauen und so einen wahrhaft christlichen Abschied von einander zu nehmen. Es wurde das 15. Capitel des Johannes aufgeschlagen, Jeder las ein Stück, Jeder machte über das Gelesene einige Be= merkungen.

Eben wollte man sich trennen; da wird die Glocke gezogen; man öffnet, sieben Polizeiagenten treten ein. Der Sergeant liest den Befehl des Delegaten von Santa Maria Novella vor, der dahin lautet, in diesem Hause eine Versammlung aufzuheben, welche zum Zweck protestantische Propaganda und Umsturz der Staats= religion habe, alle Anwesende zu verhaften und vor den Delegaten zu bringen. Nach zweimaliger Durchsuchung aller Personen und des ganzen Hauses findet sich nur ein Neues Testament und einige handschriftliche Blätter von politischem Inhalt in der Tasche des Schneiders Guerra. Der Delegat, Herr Brunori, schickte sie Alle zusammen in das Bargello, das städtische Gefängniß, wo sie in einem schmutzigen, übelriechenden Loche die erste Nacht verbringen mußten. Dann sorgte der ehrenwerthe Director des Gefängnisses für bessern Aufenthalt, und auch alle Gefängnißwärter ohne Unter= schied behandelten die Verhafteten mit großer Aufmerksamkeit und Zartheit und suchten, da sie wußten, daß sie um des Evangeliums willen gefangen gehalten wurden, sie von den Verbrechern möglichst fern zu halten.

Das mit allen Einzelnen am 8. Mai abgehaltene Verhör führte zu keinem weiteren Ergebniß als die Durchsuchung des ver= gangenen Abends. Ein Jeder erklärte, daß er die Bibel zu lesen gewohnt sei, und zwar in der Diodatischen Uebersetzung, da die des Erzbischofs Martini 40 oder 50 Lire (Franken) koste, wenn sie die Anmerkungen enthielte, und ohne Anmerkungen verboten sei. Ferner gaben Alle zu, daß man wirklich am Abend zuvor gemeinschaftlich das 15. Capitel im Johannes gelesen habe. Da man nicht mehr erfahren konnte, so ließ man bei den als Protestanten Verdächtigen in der Stadt Haussuchungen anstellen, nahm auch zur Einschüch= terung einige Verhaftungen vor, konnte aber in der vorliegenden Angelegenheit nicht weiter kommen. Der Staatsanwalt Advocat Paoli, dem die Acten zugeschickt waren, sandte dieselben zurück mit dem Bemerken, daß auf diese Thatsachen hin sich kein Proceß ein= leiten ließe. Dasselbe geschah von dem Oberstaatsanwalt (Regio Procuratore Generale della Corte Regia) Advocaten Bicchierai, demselben, der nachher in dem Processe gegen die Madiai's als Ankläger fungirte. Endlich berief der Minister Landucci einen Staatsrath; aber auch hier wurde erklärt, daß die Landesgesetze für religiöse Meinungen keine Strafe bestimmten, sondern sich nur gegen Solche richteten, welche durch öffentliche Ruhestörung der Staatsreligion zu nahe träten; und das finde im gegenwärtigen Falle keine Anwendung.

So konnte man denn nur auf Grund des am 25. April publicirten Gesetzes gegen die Verhafteten einschreiten. Es geschah in dem Decret vom 16. Mai 1851, welches, mit Bezug auf den zweiten Artikel des angeführten Gesetzes, die Betreffenden zu einem sechsmonatlichen Zwangsaufenthalt in den Maremmen verurtheilte, ungesunden Fieberstrecken an der Westküste Toscana's. Am Abend desselben Tages verließen die sieben um ihres Glaubens willen Verfolgten das Bargello. Die neun Tage ihrer Gefangenschaft bezeichneten sie als die schönsten ihres Lebens, wo ihnen ungekannte Freudigkeit und hoher Friede der Seele zu Theil geworden sei. Dem Grafen Guicciardini hatte der Schließer eine Martini'sche Bibel ohne Erklärungen verschafft, sie war ihnen ein täglicher Trost. Ein junger Advocat, der in politischen Angelegenheiten compromittirt war und seit 21 Monaten im Gefängniß saß, hatte zufällig eine Bibel mitgenommen, um sich die langen Stunden der Haft zu verkürzen. Statt der Zerstreuung fand er bald darin Trost, Friede, Freude. Einst in der Nacht hört sich der Graf Guicciardini beim Namen rufen. Er tritt an's Fenster. Es war der Advocat, der ihm zuruft: „Muth, Muth, nur vorwärts! Ihr seid auf gutem Wege; ihr habt euch gleich das Evangelium zum Befreiungsmittel gewählt. Ich habe mit der Politik angefangen, aber ich bin endlich zum Evangelium gekommen. Jetzt finden wir einander in demselben Gefängniß wieder, aber zu den Füßen desselben Kreuzes, desselben Heilands; Muth, Freund, nur vorwärts!" *)

Sobald sich Graf Guicciardini auf freiem Fuße fühlte, ersuchte er den Minister, seine Strafe außerhalb des Landes erleiden zu dürfen, durch ein sechsmonatliches Exil von seiner Heimath. Es wurde ihm gewährt. Am 21. Mai verließ er mit Magrini, Guarbucci und Betti, denen dieselbe Vergünstigung zu Theil geworden

---

*) Aus den oben angeführten „Mittheilungen über die Madiai'sche Angelegenheit", Nr. 2, S. 7.

war, Toscana, und alle Vier begaben sich zusammen nach Turin. Borsieri, Solaini und Guerra reisten nach ihren Bestimmungsorten in den Maremmen. Beide Ersteren erhielten noch nachträglich die Erlaubniß zu freiwilligem Exil und gingen nach Malta; Guerra aber mußte seine Strafzeit in den Sumpfgegenden Piombino's abbüßen.

Die regste allgemeine Theilnahme hatte die Verhandlungen begleitet; als die Verurtheilten aus dem Bargello heraustraten, wurden sie auf der Straße von vielen ihnen völlig Unbekannten begrüßt und umarmt. Und so diente auch diese Verfolgung zur höheren Ehre des Evangeliums und zur Kräftigung aller Glieder der kleinen Florentinischen Gemeinde.

Während nun bisher nur wenige Augen in Europa auf die Lage der Protestanten Italiens geschaut und den stillen Fortschritt des Evangeliums daselbst mit ihrer Theilnahme begleitet hatten, ereignete sich jetzt ein Fall, der in der ganzen Welt den lautesten Wiederhall hervorrief: die Einkerkerung und Verurtheilung der Eheleute Madiai *). Drei Jahre hindurch beschäftigte er die öffentliche Aufmerksamkeit und bewirkte thätiges Eingreifen von Königen und Fürsten. Und doch stand er nicht allein da; während aus der ganzen Welt Gesandtschaften für die Madiai's sich in Florenz versammelten, ging die Polizei von Haus zu Haus, verschwanden Bibeln und Menschen, füllten sich die Kerker, wuchs der religiöse Fanatismus der Behörde. Wir werden sehen, bis zu welchem Schritte sie sich hinreißen ließ.

Es war am Abend des 17. August 1851, als die Behörde gegen die Madiai's einschritt. Lernen wir sie kennen! Francesco Madiai,

---

*) Es sind für das Folgende benutzt: Discorso dell' avv. Odoardo Maggiorani in difesa dei Conjugi Madiai, Firenze 1852. — Giudizio della Suprema Corte di Cassazione nella Causa dei Conjugi Madiai, con appendice, Firenze 1852. — Die oben genannten „Mittheilungen über die Madiai'sche Angelegenheit", Nr. 1—5, Berlin 1852. — Außerdem einige englische und französische Zeitschriften von 1852 und 1853. — Bei der großen Theilnahme, welche seiner Zeit die Angelegenheit erweckte, konnte ich mich darauf beschränken, nur auf solche Punkte näher einzugehen, von denen ich eine allgemeine Bekanntschaft nicht voraussetzte.

gebürtig von den Abhängen des Casentino, nahe an der Quelle des Arno, hatte lange Jahre in den toscanischen Adelsfamilien gedient. Später wurde er Reisecourier und besuchte in dieser Eigenschaft oft auch mit protestantischen Familien Europa und Amerika. Seine Frau, Rosa Pulini, eine geborne Römerin, war als Erzieherin in England, Belgien und Deutschland gewesen und hatte sich in London zwanzig Jahre aufgehalten. Dann kehrte sie nach Italien zurück, wo sie sich mit Francesco verheirathete. Ihre zarte Gesundheit erlaubte ihr nicht mehr ein so unstätes Leben, und die Eheleute kauften ein Haus, welches sie an Fremde, besonders an Engländer, vermietheten. Beide waren schon lange in der Fremde protestantisch geworden; sie enthielten sich aber, in der Heimath ein förmliches Bekenntniß davon abzulegen, bis die toscanische Verfassung vom Februar 1848 alle Culte freigab. Da besuchten sie zum ersten Male die evangelische Kapelle und genossen gemeinschaftlich das heilige Abendmahl. Seitdem hatten sie Theil an den Schicksalen der kleinen evangelisch-italienischen Gemeinde. Trotz der religiösen Freiheit hielten sie aber dennoch Katholiken gegenüber mit einem propagandistischen Bekennen ihres Glaubens so zurück, daß ihre nächsten Freunde nicht gewahr wurden, ob sie einer andern Kirchengemeinschaft angehörten oder nicht. Ihr Vertheidiger, Advocat Maggiorani, führt in seiner Rede aus dem Zeugenverhör eine Menge überraschender Beispiele an nicht nur für die große Mildthätigkeit und dienende Liebe, sondern auch für die christliche Weisheit der Madiai's*). Die Zeugenaussagen sind voll des höchsten Lobes und der ungetheiltesten Bewunderung für beide Ehegatten, welche „so gut, so religiös" seien. Eine sterbende Katholikin pflegte Rosa Madiai mit der treuesten Sorgfalt. Sie forderte sie auf, die katholischen Sterbesacramente zu empfangen, blieb während der heiligen Handlung gegenwärtig, betete mit der Kranken und den Priestern, und als die Frau gestorben, sorgte sie mit eignen Mitteln für ihr Begräbniß, nachdem sie der Familie schon vorher in aller Weise hülfreich beigestanden hatte**). Die Kinder, welche

---

*) Discorso ecc. p. 81—106. — **) p. 85 ss.

in dem Hause der Madiai's eine katholische Schule besuchten, lehrte Frau Madiai selbst das Angelus Domini und das Ave Maria*). Den Sohn einer Bekannten, einen Kapuziner und Missionar, unterstützte sie mit Geldbeiträgen**). Zwei Mägde, welche lange bei den Madiai's gedient hatten, bezeugten einstimmig, nie auch nur den geringsten Versuch von Seiten ihrer Herrschaft bemerkt zu haben, sie ihrem Glauben zu entziehen. Im Gegentheil waren sie angehalten worden, fleißig zur Kirche und zum heil. Abendmahl zu gehen und sich auf letzteres schon acht Tage vorher ernstlich vorzubereiten, „weil sie ja doch nicht nur ein Stück Brod genießen würden"***). Katholiken, die an Fasttagen zum Besuch bei ihnen waren, fanden immer Fastenspeisen auf dem Tisch†). Eine arme Frau, welche nicht zur Communion gehen konnte, weil sie zu schlechte Kleider hatte, erhielt von Rosa Madiai einen ganzen Anzug geschenkt, „damit sie ihrer religiösen Pflicht nachkommen könne"††), u. s. w. u. s. w. Eine einfache, stille christliche Liebe und eine weise Achtung fremder Confessionen spricht sich in Allem aus, was von den Madiai's ausgesagt wird.

In ihr Haus nun drang am Abend des 17. August die Polizei ein. Francesco war nicht zu Hause, aber man fand drei Erwachsene und ein funfzehnjähriges Mädchen, welche in der Diodatischen Bibel lasen. Die eine dieser Personen war in der anglicanischen Kirche geboren, zwei glaubten, die eine seit drei, die andere seit vierzehn Jahren, an das Evangelium, und das Mädchen gehörte in eine protestantische Familie und war im protestantischen Glauben erzogen worden†††). Alle Vier wurden verhaftet; darauf begann eine gründliche Durchsuchung der ganzen Wohnung, welche aber nur zum Auffinden von zwei Bibeln, einem Commonprayerbook und einigen Tractaten führte*†). Am 26. wurde Francesco und am 27. Rosa Madiai verhaftet und in verschiedene Zellen des

---

*) Discorso ecc. p. 88. — **) p. 90. — ***) p. 97. — †) p. 86 und 87; p. 94. — ††) p. 97. — †††) p. 150.

*†) Vergl. Giudizio ecc. p. 190, und Evangelical Alliance, abstract of the proceedings of the sixth annual conference, London 1852, p. 43. — Vergl. auch Discorso ecc. p. 148 ss.

Bargello gebracht, wo sie von allem gegenseitigen Verkehr abge=
schnitten waren. Man hatte sie auf „Gottlosigkeit" (empietà)
angeklagt. Schon im November begann die schwache Gesundheit
der 57jährigen Rosa Madiai so ernstlich zu leiden, daß an ihrem
Aufkommen gezweifelt werden mußte. Der erste Besucher, den man
nach unendlichen Schwierigkeiten zu ihr ließ, fand sie in ihrer
kalten, ekelhaften Zelle vom Fieber gebrochen wie ein Kind. „Der
Geist ist willig", sprach sie, „aber das Fleisch ist schwach, sehr schwach."
Francesco's Hauptsorge waren die Leiden seiner Frau. Er erzählte aus
dem Verhör, daß man ihn gefragt habe, ob er Merle d'Aubigné's
Reformationsgeschichte gelesen, und als er es bejaht, ob er sich auf
die Qualen besinne, denen die Ketzer damals ausgesetzt worden
wären. Er entsann sich deren sehr wohl, versicherte aber, daß er
willig die Tortur und den Tod leiden werde. Im Laufe der Zeit
verbesserte man die Lage der Madiai in etwas und sie erholte
sich schnell; Francesco aber wurde in ein anderes, strengeres Ge=
fängniß gebracht, nachdem man ihm erlaubt hatte, seine Gattin,
zum ersten Male in ihrer Gefangenschaft, zu sehen. Die Trennung
von ihrem Gatten fiel der Madiai sehr schwer; es wäre ihr so
tröstlich gewesen, ihn nahe zu wissen, auch hätten die Gefangen=
wärter ihr ab und zu Nachricht von ihm geben können. Nun
hörten die Eheleute von einander nur durch die wenigen Fremden,
welchen man ihren Besuch gestattete. Während Rosa Madiai all=
mälig ihre Kräfte wieder gewann und nur darüber klagte, daß sie
sich noch nicht innig und stätig genug über die Gnade freuen
könne, für Christum zu leiden, begann Francesco in dem neuen
Kerker zu erkranken. Seine Einsamkeit war jetzt die des Grabes.
Im Bargello hatte er doch aus seinem Zellenfenster auf den Hof
hinabsehen und dort die Leute beobachten, ihre Stimmen hören
können; jetzt drang kein Laut an sein Ohr und nur wenig Licht
durch das hoch oben eingemauerte Fenster. Die Vergünstigung,
zu seinem Zeitvertreib seine Uhr wiederzugestellt zu bekommen,
wurde ihm nicht gewährt. So schleppten sich die Tage hin.

Endlich, Ende April 1852, sollte der Proceß entschieden werden.
Die Madiai's wurden aus ihren Gefängnissen hervorgeholt, sie

sehen sich nach langer Trennung unter Thränen wieder. Aber es ergiebt sich, daß ein Hauptzeuge plötzlich erkrankt ist; man führt sie wieder in ihre Kerker zurück, die Haft schiebt sich auf's Ungewisse hinaus.

Vom 4. bis 8. Juni kam nun die Sache zur Verhandlung. Am ersten Tage wurden die Angeklagten verhört. Auf die Frage, ob er in dem Schooß der heiligen Mutter, der römischen Kirche, geboren sei, antwortete Francesco: Ja, aber nun bin ich ein Christ nach dem Evangelium. „Wer hat Sie zu einem solchen gemacht, und giebt es einen Act der Abschwörung unter denen, zu welchen Sie gehören?" Ich hatte meine Ueberzeugungen seit langen Jahren, sie sind aber gekräftigt worden durch das Studium der heiligen Schrift. Es handelte sich um einen Vorgang zwischen Gott und meiner eignen Seele, der aber äußerlich bekundet wurde, als ich in der Schweizer-Kapelle das h. Abendmahl nahm. Rosa sagte aus, daß sie nicht leichthin ihren Glauben gewechselt habe, sondern nach einem lange fortgesetzten Lesen des Wortes Gottes und nach einem sorgfältigen Vergleich desselben mit der römischen Lehre. Ihren Glauben habe sie bekannt durch Genuß des Abendmahls in der protestantischen Kapelle zu einer Zeit, wo die Gesetze den Bürgern religiöse Freiheit gewährten und schützten. „Als man uns beschuldigte", schreibt später Rosa Madiai aus ihrem Kerker, „wir hätten von den Aposteln als von verächtlichen Männern gesprochen, antwortete ich, dieß wäre eine Lüge, und als ich dieß beweisen wollte, wurde mir alsobald Schweigen geboten mit den Worten: Es handelt sich nicht um Religion. Ich erwiderte: Ich bin der Religion wegen angeklagt und muß also über Religion antworten und mich verantworten; aber mit zornigem Blick wurde mir zum zweiten Male Schweigen geboten. — Wir wurden beschuldigt, wir hätten nur acht Gebote und behielten uns die Hurerei vor. Ich erwiderte, bei solcher Anklage sei es billig, daß ich die Gebote hersage, damit sie urtheilen mögen, ob es acht oder zehn wären. Schweiget! war die Antwort. — Darauf antwortete ich bewegt, es sei keine Gerechtigkeit, dem Verklagten Schweigen zu gebieten. Aus Scham vor so vielen Zuhörern zeigte sich nun dieser Mann etwas nachgiebiger und fragte wieder, ob denn die zehn Gebote bewahrt würden. Allerdings, antwortete ich, wie sie Gott gegeben hat auf dem Berge Sinai, worauf mir wieder ein „Schweiget nur, es ist genug“ entgegen= gehalten ward“ *).

An den beiden folgenden Tagen fand das Zeugenverhör statt und hielt der Vertheidiger seine Rede. Zu Gunsten der Madiai's traten zwölf Zeugen auf, welche sich alle in der oben angeführten Weise aussprachen. Eine Nonne hatte ganz aus freien Stücken aus ihrem Kloster heraus einen von Aebtissin und Bischof appro= birten Brief geschrieben, in welchem sie auf das Wärmste für beide Eheleute Zeugniß ablegte. Obgleich dieselben einer fremden Religion angehörten, wie sie wüßte, hätten sie ihr doch die treue= sten Dienste erwiesen, als sie noch in der Welt war, und sie in aller Weise in der Ausübung ihrer religiösen Pflichten unterstützt, auch sich zu diesem Zwecke wiederholt bei andern Leuten für sie verwendet u. s. f. Der Advocat Maggiorani, Madiai's Vertheidi= ger, hatte darauf gedrungen, daß man das mündliche Zeugniß die= ser Nonne hören müsse; er hatte selbst sich erboten, aus eigner Tasche die Reisekosten für sie zu erlegen; aber vergeblich, er wurde zweimal abgewiesen**).

Belastungszeugen hatte man nur sieben aufbringen können. Drei unter ihnen wußten nur auszusagen, die eine, daß sie ein= mal die Madiai unehrerbietig von den Priestern und der Messe habe reden hören, der andere, daß Madiai einmal gesagt habe, das Oel für die Madonnalampe habe wohl zu etwas Anderm benutzt werden können, und der dritte, Madiai habe sich einmal geäußert, man solle nicht zur Madonna beten***). Und der letzte Zeuge be= kannte doch selbst noch, Madiai habe ihn sehr oft, weil er alt und blind sei, zur katholischen Kirche geführt und davon abgeholt und nach Hause gebracht! Der vierte Zeuge, ein junger Mensch von

---

*) Mitgetheilt u. A. in Gelzer's Monatsbl., 1853, Aprilheft S. 384 f.
**) Discorso dell' avv. ecc., p. 92, nota 1.
***) Vergl. die Aussagen im Discorso ecc. p. 138, p. 143 u. p. 144.

noch nicht zwanzig Jahren, Enkel der ersten Zeugin, hatte bei Ma=
diai französisch lesen gelernt und Letzterer benutzte dazu eine fran=
zösische Bibelübersetzung! Der junge Mensch bat einmal Francesco
um eine italienische Bibel; als dieser sie ihm aber gab, lieferte
der Junge sie sofort seiner Mutter aus. Er mußte aber auf Be=
fragen selbst bekennen, daß Madiai nie einen Versuch gemacht
habe, ihn an seinem Glauben irre zu machen*). Die drei übrig=
bleibenden Zeugen waren Mägde, welche bei Madiai's im Hause
gedient hatten. Die Eine, eine alte Frau, die täglich auf einige
Stunden dort beschäftigt wurde, berichtete nur Aeußerungen der
Rosa Madiai, welche sie gehört haben wollte, die aber augenschein=
lich, wie der Vertheidiger ausführte, nicht wahr gewesen sein kön=
nen. Er sprach öffentlich vor Gerichtshof und Zuhörerschaft die
Vermuthung aus, man habe sie der Alten in den Mund gelegt,
wie denn auf die gleiche gelehrte Quelle auch manche Aussprüche
der offenbar zusammen eingelernten noch übrigen Zeuginnen zu=
rückgeführt werden müßten. Die Aeußerungen, welche die Madiai
gethan haben sollte, waren: Christus sei nicht für die Erlösung
unserer Seelen am Kreuz gestorben, man solle nicht an die Apostel
glauben, es gebe keine Hölle und kein Paradies u. s. f.**) Die
zweite der Dienstmägde hatte im Madiai'schen Hause gewohnt und
daselbst nach ihrer eignen Aussage die größten Wohlthaten em=
pfangen. Sie wurde dreimal verhört, das letzte Mal vor ihrer
Dienstherrschaft selbst. Und während sie die beiden ersten Male
in eine lange leidenschaftliche Erzählung ausgebrochen war von
der Geschichte der Verfolgungen, die sie dort durchgemacht habe,
indem die Madiai's sie durchaus protestantisch hätten machen wollen,
versagte ihr im Angesichte ihrer Wohlthäter die Sprache, sie stockte,
wurde bald blaß, bald roth, und konnte den Madiai's nicht in's
Auge sehen***). In ihren Aussagen hatte sie den Richtern selbst
bekannt, daß sie ihrer Herrschaft gegenüber geheuchelt habe, zur

---

*) A. a. O. S. 142 u. 143.
**) A. a. O. S. 118 ff.
***) A. a. O. S. 125.

evangelischen Religion zu gehören; daß sie um eine Diodatische Bibel und andere religiöse Bücher gebeten habe, um sich bei ihrem Dienstherrn beliebt zu machen und in ihrer großen Noth Hülfe zu erlangen. Die Bücher habe sie aber sofort zu einem Mönche getragen. Einmal habe sie die Madiai's um eine Geldunterstützung angegangen, und als diese für ihr Bedürfniß nicht gereicht, sei sie von Rosa an die Väter von Santa Maria Novella gewiesen worden, die sie aber auf wenig wohlwollende Weise (con parole e modi, secondo lei, men che benevoli) zurückgewiesen haben. Erst dann schickte sie Rosa zu dem englischen Geistlichen und dieser gab ihr fünf Paul*). Natürlich wurde dieser Akt der Wohlthätigkeit als ein schlagender Beweis angeführt, welch fanatischer, proselytenmachender Geist die Madiai's beseele. Die letzte siebente Zeugin endlich war die wichtigste. Sie hatte im Jahre 1850 sechs Monate bei Madiai's gedient, aber gerade zwischen jenen zwei Entlastungszeugen, welche einstimmig bekannt hatten, nie von ihrer Herrschaft zum Uebertritt aufgefordert, sondern im Gegentheil unausgesetzt zur fleißigen Beobachtung ihrer katholischen religiösen Pflichten angehalten worden zu sein (s. oben). Diese Marsini aber hatte wirklich am protestantischen Gottesdienst theilgenommen, und zwar, wie sie behauptete, von ihrer Herrschaft dazu verführt; die Aussage geschah, nachdem sie in den Schooß der katholischen Kirche zurückgekehrt war. Außerdem soll Frau Madiai ihr den Rosenkranz abgerissen und auf der Erde zertrümmert haben. Man halte die sonstige milde Handlungsweise der Frau Madiai dagegen! Endlich war die Marsini in der schweizerischen Kapelle einmal zum Abendmahl gegangen, aber, wie Rosa Madiai aussagte und eine andere Zeugin bekräftigte, gegen den ausgesprochenen Willen und hinter dem Rücken ihrer Herrschaft, welche sie wahrscheinlich zu einem solch ernsten Schritt für völlig unvorbereitet und unwürdig hielt**).

Dies waren die Angaben, auf welche Advocat Bicchierai in seiner Klage auf Gottlosigkeit die Beschuldigung der Proselyten-

---

macherei stützte! Nur noch Ein weiterer Beleg hatte dafür ange=
führt werden können: daß nämlich Rosa Madiai in ihrem Hause
selbst zarte Kinder in den verderblichen Irrlehren unterrichtet habe.
Aber eben jene Marsini, die Hauptbelastungszeugin, hatte aussagen
müssen, daß alle diese Kinder evangelischen Eltern angehörten*).

Die zweite Beschuldigung ging auf Verbreitung (diffusione,
nicht einmal nur distribuzione) ketzerischer Bücher. Die An=
klage konnte aber keine andern Belege aufstellen, als jene drei Zeu=
gen, welche von den Angeklagten religiöse Bücher wollten erhal=
ten haben. Außerdem berief sie sich nur auf einen katholischen
Pfarrer von Santa Maria Novella, welcher „von einem engli=
schen Katholiken, der Florenz verlassen und dessen Namen er nicht
mehr wisse, gehört haben wollte, die Madiai's verbreiteten hetero=
doxe Bücher"**), und auf einen Menschen, dem Madiai einmal
ein Buch versprach, es ihm aber nicht gab***).

Der dritte Vorwurf endlich beschuldigte die Madiai's, ihr Haus
hergegeben zu haben für Versammlungen zum Unterricht in der
evangelischen Religion. Aber auch hier gaben alle betreffenden
Zeugen zu, daß nur Solche an den Gottesdiensten theilgenom=
men hätten, welche schon den evangelischen Glauben bekannten.
Und als Solche stellten sich auch jene vier Personen heraus, welche
am 17. August des vergangenen Jahres beim Lesen der Bibel im
Madiai'schen Hause betroffen worden waren.

Es liegen nun dem Leser alle einzelnen Momente vor, auf
welchen die Anklage der Gottlosigkeit basirte. Er ist im Stande,
sich ein eignes Urtheil zu bilden.

Die vortreffliche Rede des edeln Vertheidigers Maggiorani
führte aus, daß weder dolus, die böse Absicht, die Staatsreligion
umzustürzen, noch damnum, Störung der bürgerlichen Gesellschaft
oder öffentliches Aergerniß, noch auch Publicität stattgefunden habe,
daher eine Klage auf Proselytismus, zu dem alles Dreies gehört,

---

*) A. a. O. S. 144 u. 145.
**) A. a. O. S. 146.
***) A. a. O. S. 148.

völlig unbegründet sei. Er schloß seine Rede mit den Worten: „Man hat mir gesagt, daß wir in einer schweren und mißtrauischen Zeit leben. Man hat mir auch den wohlgemeinten Rath gegeben, von der Vertheidigung zweier „Andersgläubiger" mich fern zu halten. Ich schwöre Ihnen, daß die thörichte Zumuthung mich mit Abscheu erfüllte. Wenn ich auch wirklich Gefahr hätte laufen können, ich würde sie herausgefordert und ihr getrotzt haben. .... Ich bin gekommen, um eine nichtige und ungerechte Anklage zu bekämpfen, eine Anklage, welche das Heiligthum des Gewissens, die Beziehungen zwischen Mensch und Gott antasten würde. Ich bin gekommen, um zwei Menschen zu beschützen, die, wenn je welche, fromm und tüchtig und ehrbar sind, fromm, tüchtig und ehrbar nach dem Zeugniß eben derer, welche am eifrigsten sie haben beschuldigen wollen. .... Ich habe sie vertheidigt mit jener festen Zuversicht, welche mir die Ueberzeugung ihrer Unschuld einhauchte, und es gereicht mir zur besonderen Genugthuung, ihnen öffentlich meine Achtung und Liebe wiederholen zu können, jetzt, wo ich, nachdem meine Pflicht erfüllt ist, sie Ihrer Gerechtigkeit empfehle."

Trotz der ausgezeichneten Vertheidigung, trotz der gleichlautenden Gutachten einiger der bedeutendsten Rechtsgelehrten Toscana's lautete das am 8. Juni gefällte Urtheil verdammend. Zwei Stimmen der Richter waren für Freisprechung, nur drei für Verurtheilung gewesen. Die Stimme des Präsidenten zitterte, als er das Erkenntniß vorlas. Die Madiai's hörten es mit der größten Festigkeit und Würde an. Sie waren zu einer harten Strafe verurtheilt, Francesco zu 56 Monaten schwerer Zuchthausstrafe (casa dei lavori forzati) in Volterra und Rosa zu 45 Monaten Kerkerstrafe (ergastolo) in Lucca; die Strafe sollte von dem Tage ihrer Einkerkerung am 26. und 27. August 1851 gerechnet werden. Außerdem mußten sie vereint die Kosten des Processes und des Urtheils tragen, welche sich auf 200 Lire beliefen. Nach abgebüßter Strafe sollten sie drei Jahre unter polizeiliche Aufsicht gestellt werden.

Nach Veröffentlichung dieses Erkenntnisses schrieb Rosa Madiai an ihren Mann folgenden Brief:

„Mein theurer Madiai! — Du weißt, daß ich Dich immer geliebt habe: aber wie viel mehr muß ich Dich jetzt lieben, da wir mit einander im Kampf des großen Königs gestanden haben, da wir geschlagen, aber nicht besiegt worden sind! Ich hoffe, daß Gott unser Vater um des Verdienstes Jesu Christi willen unser Zeugniß wird angenommen haben, und daß er uns Gnade verleihen wird, daß wir den bittern Kelch, der uns bereitet ist, bis auf den letzten Tropfen mit Danksagung trinken können. Mein theurer Madiai, das Leben ist nur ein Tag und ein Tag des Kummers. Gestern waren wir jung, heute sind wir alt. Aber wir können mit dem alten Simeon sagen: Herr, nun lässest Du Deinen Diener in Frieden fahren, denn meine Augen haben Deinen Heiland gesehen. Muth, mein Theurer! da wir ja durch den heiligen Geist wissen, daß der Christus, der mit Schmach beladen, geschlagen und verläumdet wurde, unser Heiland ist, und daß wir durch sein heiliges Licht und durch seine Macht berufen sind, für das heilige Kreuz zu kämpfen und für Christum, der für uns starb und der die Schmach auf sich nahm, damit wir an seiner Herrlichkeit Theil hätten. Fürchte Dich nicht, wenn die Strafe auch hart ist. Gott, der da machte, daß die Ketten von Petri Händen fielen und daß die Thüren seines Kerkers sich öffneten, wird auch uns nicht vergessen. Behalte guten Muth, laß uns ganz auf Gott vertrauen. Laß mich Dich freudig sehen, wie ich hoffe, daß Du durch dieselbe Gnade auch mich freudig sehen wirst. Ich umarme Dich von ganzem Herzen.

Deine treue Gattin Rosa Madiai."

Am 29. Juni hatten die Madiai's an den Cassationshof appellirt; unter dem 7. August aber bestätigte derselbe das erste Urtheil. Der Großherzog, von welchem sie im Wege der Gnade wenigstens eine Milderung ihrer Strafe erwarteten, wies ihr Gesuch unbedingt ab, obgleich es von dem Ministerium unterstützt worden war; „es sei ihm eine Gewissenssache, die Gerechtigkeit müsse ihren Lauf haben"[*]). Und so mußten sich die beiden Ehe-

---

[*]) Mittheilungen u. s. w. Nr. 1, S. 11.

leute in ihre Kerker abführen laſſen, nach Volterra und nach Lucca. Roſa ſprach, als ſie aus Florenz geführt wurde, zu Jemand, der Abſchied von ihr nahm: „Sage den Brüdern, die nach uns den Leidensweg gehen werden, ſie ſollen lieber Alles dulden, als ihren Gott verläugnen. Sage ihnen, ſie ſollen für uns beten, nicht daß wir befreit werden, ſondern daß uns Gnade gegeben werde, das Kreuz zu tragen und den Triumph des Glaubens zu erlangen*). Eine ſchwere Zeit der Prüfung begann für ſie, wiewohl die Wär- ter der Gefängniſſe auf die Erleichterung ihrer Lage möglichſt hin- zuwirken ſuchten.

Aber während beide Märtyrer des Glaubens in ihren Kerkern duldeten, regte ſich die chriſtlich-evangeliſche Welt beider Hemiſphä- ren. Zunächſt vereinigten ſich evangeliſche Chriſten Englands, Frankreichs, der Niederlande und der Schweiz zu einer Deputation an den Großherzog von Toscana, um ſeine Gnade für die Ver- urtheilten anzurufen. Es waren aus England Lord Roden, Lord Cavan, Capitain Trotter, geſandt von der Protestant Alliance; Graf Gasparin und Capitain de Mimont aus Frankreich, im Namen der Alliance Evangélique; Graf Alexander de St. George und Oberſt Tronchin für die Schweiz. Zu ihnen kamen noch in Florenz die Abgeſandten des deutſchen evangeliſchen Kirchentages Graf Albert Pourtales und Hauptmann Albert von Bonin. Sie erſuchten nach gemeinſchaftlicher Berathung den Großherzog um eine Audienz. Sie wurde verweigert. Darauf ſetzten die Depu- tirten eine Adreſſe an Seine K. K. Hoheit auf, in welcher ſie ſchriftlich ihr Gnadengeſuch ausſprachen. Der Großherzog weigerte ſich, ſie anzunehmen. Die Verwendung der evangeliſchen Chriſten Europa's war vergeblich geweſen. In ihrem Bericht über die ihnen anvertraute Sendung reden die Deputirten von der Lage der beiden Eingekerkerten: ohne Gottesdienſt, ohne Troſt von einem Diener ihres Glaubens, ohne Andachtsbuch ſitzen ſie in Zellen- gefängniſſen und müſſen ſich der Zwangsarbeit unterziehen; ihre Geſundheit leidet auf eine bedauerliche Weiſe**). Am Schluß des

---

*) Mittheilungen u. ſ. w. Nr. 1, S. 11.
**) A. a. O. Nr. 3 u. 4, S. 23.

Berichtes heißt es: „Die Geschichte der Madiai's ist leider nur das Bild einer ansehnlichen Anzahl von Leidensfällen dieser Art; denn es ist eine sehr schmerzliche Thatsache, die wir zu constatiren haben, daß die Verfolgung auf eine furchtbare Weise im Zuneh= nen begriffen ist. . . . . Wir übertreiben nicht, wenn wir, in den Worten selbst, welche die Verfolgung der ersten Christen be= schreiben (Ap.=Gesch. 8, 3), sagen, daß jetzt das System herrsche, „zu gehen hin und her in die Häuser", welche verdächtig sind nicht etwa eines politischen Vergehens, sondern, wie sie es nennen, eines religiösen Verbrechens, „hervorzuziehen Män= ner und Weiber", „sie in's Gefängniß zu überantwor= ten", „sie hin und her zu zerstreuen", und so Viele, welche das Verlangen danach tragen, zu hindern, sich zum Gebet und Studium von Gottes Wort zu vereinigen" *).

Am 30. October trennten sich die Glieder der Deputation wieder und reisten in ihre Heimath zurück. Ein rührender Dank= brief von den zerstreuten Evangelischen Toscana's an die edeln Fürbitter belohnte ihre Mühe **). Lord Roden besuchte noch nach einander beide Leidende in ihrem Gefängniß, Francesco im Laza= reth. Er verließ sie reichlich gestärkt durch ihren Glauben und in der festen Ueberzeugung, wahrhafte Jünger Christi, Gebundene des Herrn vor sich gehabt zu haben.

Am 2. November erschien Graf Arnim=Blumberg in Florenz; er brachte ein eigenhändiges Schreiben Sr. Maj. des Königs von Preußen an den Großherzog. Unser königlicher Herr war von der Höhe seines Thrones herabgestiegen und hatte als Christ, als ein= facher und demüthiger Jünger Jesu um seinen Bruder und seine Schwester im Herrn gebeten! So gelangte doch wenigstens Eine Stimme der Fürbitte an das Ohr des Fürsten; Graf Arnim wurde freundlich und ehrenvoll empfangen. Aber ein Resultat war noch immer nicht erreicht. Es sollte bald eine Antwort ge= geben werden, welche allem Gefühle christlicher Schonung auf schmähliche Weise Hohn sprach.

---

*) A. a. O. S. 25. — **) Abgedruckt a. a. O. Nr. 5, S. 4 ff.

Zunächst gingen, wie bemerkt, die Verfolgungen ihren Gang fort; nur suchte man so viel wie möglich die Dunkelheit und Stille — man wollte ganz im Geheimen die evangelischen Regungen nach und nach erdrücken. Dennoch gelangte die Nachricht von einem Falle einmal wieder an die Oeffentlichkeit. Am 10. November wurde Angiolo Guarducci im Bette verhaftet und nach dem Bargello gebracht, weil er täglich seiner Familie aus der Bibel vorgelesen hatte. Angeblich war seine Strafe drei Jahre Zuchthaus*).

Aber das Maaß erfüllte sich am Morgen des 16. November. Da standen dichte Gruppen Florentiner an den Ecken der Straßen und lasen, was da angeschlagen stand, und wenn sie es gelesen hatten, so gingen sie schweigend und düster ihres Weges. Es war ein neues Gesetz und lautete: „Die Todesstrafe ist, bis auf weitere anderslautende Bestimmungen, erneuert für öffentliche Angriffe gegen die Regierung und gegen die Religion." (La pena di morte .... è ripristinata sino a nuovi diversi ordini .... per i delitti di pubblica violenza contro il governo e contro la religione.)**)

Das war die Antwort auf die königliche Bitte Friedrich Wilhelm's IV.!

Aber die Verwendungen für die Madiai's hörten dennoch nicht auf. Selbst das toscanische Ministerium trat für sie ein. Ebenso die Regierung der Vereinigten Staaten. Doch Alles umsonst! Auch Katholiken konnten die außerordentliche Härte nicht begreifen. Nur die historisch-politischen Blätter entblödeten sich nicht, während alle Welt von der innigsten Theilnahme und Bewun-

---

*) Leider steht mir hier nur eine kurze Notiz in Nr. 87 der Allgem. Kirchen-Zeitung von 1853 zu Gebote. Ich kann aus weiteren Quellen für die Richtigkeit der Angabe nicht bürgen, doch muß ich bemerken, daß die Allg. K.-Ztg. ihre Notiz aus der sehr glaubwürdigen italien. Zeitschrift la buona novella genommen hat. Die Identität dieses Guarducci mit jenem Angiolo Guarducci, der mit Graf Guicciardini zusammen in's Exil ging, vermag ich nicht zu verificiren; derselbe müßte dann nach seinem sechsmonatlichen Exil in seine Heimath wieder zurückgekehrt sein (s. oben).

**) Der Wortlaut in Gelzer's Monatsblättern 1853, S. 253 und 254.

derung des christlichen Adels der Dulder ergriffen war, sich in
vornehm-verächtlichem Tone folgendermaßen auszulassen: „Die
evangelischen Sympathieen wurden einem italienischen Lohnlakai und
— dessen Frau zu Theil, die sich gegen die Florentinischen Gesetze
vergangen und die, einer Klasse von Leuten angehörig, denen Jedermann gern aus dem Wege geht, da sie, wie Jedermann weiß, in
der Regel von Betrug und Unzucht lebt, wenigstens für sich noch
durch keinen Beweis der Welt dargethan, daß sie eine Ausnahme
von der Regel sind" *). Und während solche Zeilen gedruckt werden
konnten, schreibt Pastor Colomb, Prediger der Schweizerkirche in
Florenz, aus den Gefängnissen, wo er beide Gefangene besuchte:
„Ich habe in den Zellen der Madiai's den Glauben, die Hoffnung
und die Liebe gefunden. Ich hatte mich zu ihnen begeben, um
ihnen Trost zu bringen, und sie waren es, die mich erbaut und
erfreut haben. . . . . Den Francesco Madiai habe ich in Volterra in seinem Bette gefunden, sehr schwach am Leibe und von
einer Magerkeit, die mir Schrecken einflößte; aber ich würde es
vergebens auszudrücken suchen, was für ein Friede, was für eine
Heiterkeit, was für eine Liebe aus diesem Angesicht und aus allen
Worten, die er redet, hervorleuchtet." Und von Rosa Madiai berichtet er die demüthigen Worte: „Wer sind wir, daß wir würdig
geachtet worden sind, etwas zu leiden um der Liebe Jesu Christi
willen und seine Schmach zu tragen? Arme sündige Creaturen
sind wir, nichts, gar nichts! Und weil Er uns diese Ehre und
diese Gnade erwiesen hat, sollten wir nicht immer auf den Knieen
liegen vor Ihm und Ihn loben und preisen!" **) Das ist die
Sprache tief in ihrem Heiland gewurzelter Christen, nicht aber
„erkaufter und mit englischem Geld bezahlter Convertiten".

Aber die Stunde ihrer endlichen Befreiung sollte doch heran-
kommen. Nach all den vergeblichen Bemühungen, durch ruhige
Vorstellungen auf die Gesinnung des Großherzogs zu wirken, erschien im Anfang des Jahres 1853 folgende vom 18. Januar

---

*) Historisch-politische Zeitschrift für das katholische Deutschland, Bd. 30,
Heft 12, S. 814.
**) Gelzer, Monatsblätter 1853, Aprilheft, S. 385 ff.

datirte Depesche Lord John Russell's, des damaligen Ministers des
Auswärtigen, an Sir H. Bulwer, den englischen Gesandten am
toscanischen Hofe: „Sir! Nach Ihren letzten Berichten zaudert
der Großherzog noch immer in der Angelegenheit der Madiai's.
Aber das Zaudern in dieser Sache bedeutet — Todesstrafe. Es
ist in Bezug auf die Wirkung ein und dasselbe, ob man einen
Menschen verdammt, in den Flammen zu sterben, wie Savonarola,
oder ob man ihn durch die langsame Folter eines ungesunden
Kerkers vom Leben zum Tode bringt. Einige Regierungen auf
dem Festlande scheinen in der That zu wähnen, daß sie bloß das
Schauspiel einer Hinrichtung auf dem Schaffot zu vermeiden
brauchen, um von sich den Haß und von ihren Opfern die Sym=
pathieen abzuwenden, welche durch die Todesstrafe für politische oder
religiöse Vergehungen erregt werden. Das ist ein Irrthum. Es
ist sehr wohl bekannt, daß Untergrabung der Körperkraft, Brechung
des Gemüths und Schwächung des Geistes nur Zugaben zur
Todesstrafe sind, welche allzu oft durch langwierige Kerkerhaft her=
beigeführt wird. Sollte daher, wie kürzlich schon gemeldet ward,
ein Madiai im Gefängniß sterben, so muß der Großherzog er=
warten, daß ganz Europa ihn als einen Fürsten ansehen wird, der
einen Menschen hingerichtet hat, weil derselbe ein Protestant war.
Man wird ohne Zweifel sagen, Francesco Madiai's Vergehen habe
nicht darin bestanden, daß er Protestant war, sondern in seinem
Bestreben, Andere dem römisch=katholischen Glauben abwendig zu
machen; die toscanische Regierung habe die mildesten Absichten
gehabt und aus Erbarmen die gesetzlich vorgeschriebene Kerkerfrist
verkürzen wollen, daß aber Verbrechen solcher Art nicht ungestraft
bleiben könnten. Dieß Alles wird jedoch sehr wenig frommen. In
der ganzen civilisirten Welt wird dieses Beispiel von Religions=
Verfolgung Abscheu erregen. Noch wird es der geringste unter
den Vorwürfen sein, die sich gegen die großherzogliche Regierung
erheben werden, daß sie den Namen des toscanischen Leopold so
entweiht hat und von dem Beispiele eines wohlwollenden Herr=
schers so weit abgewichen ist. Der friedfertige, sanfte und offen=
herzige Charakter des toscanischen Volks macht jene Strenge um

so unnöthiger und um so gehässiger. Da die Sache einen tos=
canischen Unterthanen betrifft, so kann man sagen, Ihrer Majestät
Regierung haben kein Recht zur Einmischung. Ist damit gemeint,
daß eine Einmischung mit Gewalt der Waffen ungerechtfertigt
wäre, so gebe ich ohne Weiteres zu, daß eine solche Einmischung
sich durch nichts als den äußersten Fall rechtfertigen ließe. Ist
aber damit gemeint, Ihrer Majestät Regierung habe nicht das
Recht, einem befreundeten Souverän die Vernunftgründe vorzu=
halten, die unter den gebildetsten Nationen gegen die Anwendung
des bürgerlichen Schwertes zur Bestrafung religiöser Meinungen
den Sieg davongetragen haben, so läugne ich vollständig die Rich=
tigkeit einer solchen Behauptung. Sie haben somit die Weisung,
mit dem toscanischen Minister des Auswärtigen auf das Nachdrück=
lichste zu reden und ihm alle in dieser Depesche enthaltenen Be=
trachtungen vorzulegen. Sie werden dieß im freundlichsten Tone
thun und nicht vergessen, der Regierung, bei welcher Sie beglaubigt
sind, die Versicherung zu geben, daß Niemand für die Unabhängig=
keit und das Glück Toscana's aufrichtigere Wünsche hegt, als die
Königin von Großbritannien. Ich bin u. s. w. — (Gez.) John
Russell" *). — Zu dieser Depesche kam noch nach Florenz die Nach=
richt von einer höchst bewegten Parlamentsverhandlung am 17. Fe=
bruar, in welcher darüber debattirt worden war, ob England nicht
jede diplomatische Verbindung mit einem Lande abbrechen müsse,
wo allen Gesetzen der Menschlichkeit Hohn gesprochen würde. Lord
Russell hatte die Versammlung nur durch die Bitte beruhigen
können, den Erfolg der Schritte abzuwarten, welche die Regierung
bereits gethan habe. Das verfehlte seine Wirkung denn doch nicht.
Am 15. März wurde den beiden Gefangenen die großherzogliche
Begnadigung verkündigt, auf welche sie nicht mehr zu hoffen ge=
wagt hatten. Sie mußten aber sofort das Land verlassen; man
brachte sie noch an demselben Dienstag nach Livorno und von da
ohne Aufenthalt an Bord eines Dampfbootes, wo sie bis zum
Abgange desselben verblieben. Frau Madiai war hinreichend mit

---

*) U. A. vergl. Neue Preuß. Zeitung vom 22. Febr. 1853, Nr. 44.

Kleidungsstücken versehen, da einige ihrer Freundinnen fürsorglich bereits seit Neujahr dem Director des Gefängnisses in Lucca das Nothwendigste für einen solchen Fall eingehändigt hatten. Ihr Gatte hingegen mußte den ganzen Weg in der groben leinenen Kleidung der Sträflinge zurücklegen und kam halb erstarrt vor Kälte an Bord des Schiffes an, wo der englische Consul Mac-Been ihm wärmere Kleidungsstücke und einen Mantel schickte. Das schwer geprüfte Ehepaar ließ sich in einem Lande nieder, wo religiöse Freiheit auch für Italiener herrschte, in Sardinien; sie wählten Nizza zu ihrem bleibenden Wohnsitze, wo sie noch heutiges Tages in bescheidener Zurückgezogenheit leben und der Verbreitung des Wortes dienen, aus dem sie selbst Trost und Kraft im Leiden geschöpft hatten.

Und wir folgen ihnen nun nach Sardinien, um die Erzählung der dortigen Geschichte des Evangeliums wieder aufzunehmen, wo wir sie verlassen haben. In Toscana aber zieht sich inzwischen das protestantische Leben immer mehr in das innerste Heiligthum der Familie zurück; man wagt nur selten noch sich zu versammeln; einige der besten Kräfte, welche die Verfolgung außer Landes trieb, werden schmerzlich vermißt. Erst in Folge der neuesten Begebenheiten änderte sich ihre Lage und nahm das Evangelium einen neuen Aufschwung, auf welchen wir später noch einen Blick zu werfen haben werden.

Das königliche Motuproprio vom 17. Februar 1848 hatte, wie wir gesehen haben, die alten Gesetze gegen die Waldenser aufgehoben und denselben religiöse und bürgerliche Freiheit auch außerhalb ihrer Thäler gewährt. Bei dem großartigen Feste, mit welchem man am 27. Februar in Turin, unter Theilnahme von Abgesandten aus allen Theilen des Königreichs, die Verleihung der Verfassung feierte, gewährte die Festcommission unter allgemeinem Beifall der Deputation der Waldenser den Vortritt. Zum ersten Male seit ihrem Bestehen durften diese nun öffentlich als Corporation auftreten, durften Tausende von Katholiken sie als solche begrüßen, tönten unzählige „Evviva's!" für „die waldensischen Brüder", für „die lieben, wiedergewonnenen Brüder" durch die

Straßen Turins. Dieser eine Tag entschädigte die armen Brüder
für lange Jahre des Drucks und der Knechtschaft. In jedem
Jahre feiert seitdem die Waldenserkirche in dankbarer Rückerin=
nerung den 17. Februar, den Tag, wo eine neue Zukunft sich
ihnen eröffnet hat.

Nun konnten sich die Waldenser aus ihren Thälern allmälig
hervorwagen. Ihre Zahl in Turin wuchs bald in so bedeutendem
Maße, daß sich dringend das Bedürfniß nach einem eigenen größe=
ren Gotteshause herausstellte. Es hatten sich in Turin auch früher
schon fortwährend Waldenser aufgehalten; man machte die Strenge
des Gesetzes, welches sie eigentlich in die Thäler gebannt hätte,
nicht gegen sie geltend. Ihr religiöses Bedürfniß konnten sie bis
dahin theils durch Versammlungen in einem Privathause befriedi=
gen, theils durch den Besuch der preußischen Kapelle, an welcher
Herr Amedeo Bert, selbst ein waldensischer Geistlicher, angestellt
war und noch ist. Der Gottesdienst wird daselbst nur französisch (nicht
deutsch) gehalten, und da die in den Thälern übliche Sprache die
französische ist, so besuchten die Waldenser die preußische Kapelle
in großer Zahl. Aber nachdem nun die religiöse Freiheit immer
mehr ihrer Glaubensgenossen nach Turin zog, konnten sie sich in
der angegebenen Weise nicht mehr behelfen. Sie baten um die
Erlaubniß, eine eigene protestantische Kirche in der Hauptstadt
Piemonts erbauen zu dürfen. Dieselbe ward ihnen gewährt. Am
29. October 1851 konnte, unter Anwesenheit der preußischen, eng=
lischen und nordamerikanischen Gesandten zum ersten protestantischen
Gotteshause in Italien außerhalb der Thäler feierlich der Grund=
stein gelegt werden. Viele protestantische Länder Europa's hatten
für den Bau collectirt und so ihr reges Interesse an dem Fort=
schritt des Evangeliums in Italien bekundet. Allerdings rasteten
nun die Katholiken nicht, während der Bau allmälig in die Höhe
wuchs, die Beendigung desselben auf jede Weise zu hintertreiben.
Die Bischöfe der Kirchenprovinzen Turin und Genua legten in
einer Zuschrift an den König förmlichen Protest dagegen ein. Aber
vergeblich. Das stattliche Gebäude nahte sich immer mehr seiner
Vollendung, und schon am 15. December 1853 konnte die feier=

liche Eröffnung stattfinden. Der Stadtsyndicus hatte dreißig Mann
Nationalgarde bewilligt, welche, nebst Schildwachen an den Kirch=
thüren, gegen etwaige Störungen den Schutz der Gesetze gewähren
sollten. Außer den Vertretern der fremden protestantischen Mächte
waren siebzehn Waldenser=Geistliche gegenwärtig; etwa 1500 bis
1600 Personen hatten sich eingefunden. Selbst einige katholische
Priester in ihrer Amtskleidung wurden bemerkt. Pastor Meille,
der an dieser neuerbauten Kirche als Geistlicher angestellt worden
war, hielt in italienischer Sprache die Festpredigt über Ev. Matth.
5, 15: Man zündet nicht ein Licht an und setzt es unter einen
Scheffel, sondern auf einen Leuchter, so leuchtet es denen allen,
die im Hause sind. Am Nachmittag fand ein französischer Gottes=
dienst statt unter Leitung des Moderateurs der Waldenser, Herrn
Revel's. Die Kirche selbst, an der sehr belebten Promenade Viale
del Rè gelegen, fällt mit ihren zwei großen Thürmen an der
Vorderseite recht angenehm in die Augen. In goldenen Buch=
staben glänzt über dem Haupteingang nach der Straße zu in ita=
lienischer Sprache der Spruch: Tretet auf die Wege und schauet
und fraget nach den vorigen Wegen und wandelt darin; so werdet
ihr Ruhe finden für eure Seelen (Jerem. 6, 16). Ueber der innern
Eingangsthür steht: Gott ist ein Geist, und die ihn anbeten, die
müssen ihn im Geist und in der Wahrheit anbeten (Joh. 4, 24).
In den ersten Zeiten nach der Eröffnung der Kirche war der An=
drang auch von Seiten der Katholiken so stark, daß Billets aus=
getheilt und die nicht damit Versehenen zurückgewiesen werden mußten.
An jedem Sonntage fand (und findet) dreimal Gottesdienst statt;
des Morgens um 8 Bibelerklärung und Katechisation der Kinder
mit einleitendem Gesang und Gebeten in italienischer Sprache;
um 11 Uhr französische und Nachmittag um 3 italienische Predigt.
Außerdem wurden auch noch in der Woche wiederholt Abend=
gottesdienste abgehalten, in der Art unserer Bibelstunden.

Es versteht sich von selbst, daß, als die erste Neugierde der
Katholiken befriedigt war, der Zudrang der nicht waldensischen
Besucher der Kirche bald nachließ. Gottes Werk geht nur langsam
und in der Stille vorwärts. Aber inzwischen hatten sich schon

auf anderm Wege nicht wenige nach Gerechtigkeit durstende Seelen in Turin dem Evangelium zugewandt, die den Kern zu einer immer wachsenden italienisch-evangelischen Gemeinde bilden sollten.

Wie oben bemerkt wurde, flüchteten viele aus Toscana und dem südlichen Italien vertriebene oder doch dort gefährdete Evangelische nach Piemont. Wie nun die waldensische Tafel auf Bitten der kleinen Florentiner Gemeinde zwei ihrer Geistlichen nach Florenz entsandt hatte, welche sich ausschließlich dem Dienste am Wort in italienischer Sprache widmen sollten, so geschah es jetzt auch in Turin. Schon Ende 1850 ging ein Waldenser-Geistlicher nach der Hauptstadt, der sich ganz der Arbeit unter Italienern hingeben sollte. An dem kleinen Kern von evangelischen Flüchtlingen fand er, wie einen reich gesegneten Wirkungskreis, so auch eine kräftige Stütze für das Werk der Evangelisation. Am 29. October 1851, demselben Tage, an welchem der Grundstein der Waldenser-Kirche zu Turin gelegt wurde, traten die ersten piemontesischen Katholiken zum Protestantismus über. Es war ein kleiner Anfang von nur vier Personen. Aber von da an machte das Evangelium reißende Fortschritte. Kurze Zeit nach jenen vieren meldeten sich 20 Proselyten, gleich darauf 50, dann weitere 80. Nach einem halben Jahre wollten auf einmal 200 Personen übertreten; aber nur 80 wurden aufgenommen. Am Weihnachtsfeste 1852 wurden wieder 33 Personen protestantisch. Als die Waldenser-Kirche in Turin beendet wurde, bestand die Gemeinde schon aus 300 communicirenden Mitgliedern, und außerdem fand sich noch eine Menge unregelmäßiger Besucher in den religiösen Versammlungen ein, welche in einem Saale in der Strada Arcivescovado gehalten wurden. Es war den Waldensern gelungen, seit einiger Zeit einen Mann für dieses Werk eines Evangelista zu gewinnen, der den Katholischen längst ein Dorn im Auge war, den Dr. Luigi de Sanctis*).

---

*) Aus Mittheilungen von seiner Hand sind die obigen Notizen genommen. Vergl. Allg. K.-Ztg. 1855, Nr. 154. Die Nachrichten über seine Vergangenheit schöpfen wir aus der Einleitung seines 1855 schon in der 14. Auflage erschienenen kleinen Buches: La Confessione, saggio dommatico-storico di L. de Sanctis, Torino 1858, p. 7—12, und aus der Vorrede zu

Dieser Mann ist ein geborner Römer, der sich in warmer Begeisterung für seine Religion von früh auf dem Priesterstande widmete. Am Anfang seiner Laufbahn war er einer der anhänglichsten Freunde der Jesuiten und lebte 22 Jahre an einem jener Orte, wo eine gewisse Anzahl von Priestern zusammenwohnen, die den Jesuiten verbrüdert sind. In einer funfzehnjährigen Thätigkeit als Beichtvater und in einer achtjährigen als Pfarrer an einer der Hauptparochieen Roms, Santa Maddalena, hatte er Gelegenheit, in das innerste Herz des Katholicismus hineinzuschauen. In die meisten Klöster Roms wurde er als Prediger und Seelsorger berufen. Er war Professor der Theologie, und der Cardinal Micara, Decan des heiligen Collegiums, hatte ihn zum Examinator seiner Geistlichen gewählt. Zehn Jahre lang war er Untersuchungsrichter als Theolog der römischen Inquisition und hat in dieser Eigenschaft die Gefängnisse besucht, Anklagen angenommen, die Schuldigen Beichte gehört, ganze Actenstöße durchgelesen, so daß es für ihn auf dem Gebiete der Inquisition kaum noch Geheimnisse gab. Die in der vorigen Anmerkung genannte höchst lesenswerthe Schrift: „Papstthum und Jesuitismus" zeugt auch nach dieser Seite hin von einer umfassenden Kenntniß des Katholicismus. Sein großer religiöser Eifer trieb ihn zur Zeit der Cholera an, den Kranken und Sterbenden Trost zu bringen; das Hospital S. Bartolomeo in Genua verließ er nicht, so lange 1835 die Krankheit wüthete, und ebenso wenig das Hospital am Lateran zu Rom im Jahre 1837. Diese Jahre bezeichnet er als die glücklichsten seines Lebens. Die angespannte Thätigkeit brachte die Stimme seines Gewissens zum Schweigen, die schon seit lange in ihm gegen das katholische Treiben gezeugt hatte. Die Bibel war ihm ein Wegweiser geworden, und in ihr fand er, wie weit die römische Kirche von ihrem wahren Wesen abgewichen sei. Aber er hatte den Muth nicht, offen seine Ueberzeugung auszusprechen; die Schrecken der Inquisition standen vor seinem bangen Auge. Er

---

seinen, auch in deutscher Uebersetzung von Keller herausgegebenen, Briefen aus Rom über „Papstthum und Jesuitismus", Duisburg 1859.

suchte in religiöser Vielgeschäftigkeit seine Ruhe; er predigte dem Volke, suchte die Galeerensträflinge auf, die Gefangenen, die Soldaten, die untersten Klassen des Volks. Aber dieser Eifer rettete ihn nicht, seine Lehrweise war schon bedenklich geworden. Er wurde im October 1843 bei der Inquisition verklagt, wenig ehrerbietige Aeußerungen über den Papst gethan zu haben, nicht an den Statthalter Christi zu glauben und „italienischen Tendenzen" ergeben zu sein. Der Cardinal Lambruschini, dem die Anklage übergeben war, befahl dem Inquisitionstribunal, de Sanctis ohne Weiteres seiner Pfarrstellung zu entheben und aus den päpstlichen Staaten zu verbannen. Nur dem Laienfiscal, der sich einem solchen ungerechten Verfahren widersetzte, verdankte es de Sanctis, nur überhaupt gehört zu werden; sein eigner Vertheidiger, ein Priester, hatte gegen die beabsichtigte Handlungsweise des Tribunals nichts einzuwenden gehabt. Der Verklagte besaß noch immer nicht den christlichen Muth, offen für die Wahrheit einzustehen. Wenn er auch nicht gerade läugnete, so suchte er sich doch durch Hindeutung auf Mißverständnisse u. s. w. zu retten und erinnerte an seine unermüdliche Thätigkeit als Prediger und Seelsorger im Dienst der katholischen Kirche. Er erlangte durch seine Vertheidigung, daß die Strafe der Amtsentsetzung und Landesverweisung in einen Befehl verwandelt wurde, hinfort nicht mehr sich der angegebenen Verbrechen schuldig zu machen bei Gefahr, im Widersetzungsfalle „ad arbitrio", ohne Proceßverfahren, bestraft zu werden. Zehn Tage wurde er außerdem noch in ein Jesuitenkloster in Haft geschlossen.

Die fortwährende strenge Aufsicht seiner Obern nöthigte de Sanctis zur höchsten Vorsicht; er wußte, daß man ihn mit mißtrauischem Auge beobachte, und fühlte sich dadurch in eine peinliche Zwitterstellung hineingedrängt. Als Pius IX. Papst wurde, schien es ihm für einen Augenblick, als wolle dieser „mit evangelischem Ernst und evangelischer Freiheit" auftreten. Aber dieser Schein dauerte nicht lange. De Sanctis sah, „wie ein Papst an der Spitze einer Revolution stand, und sein Volk ihm mit fanatischer Begeisterung folgte"; er erkannte, daß dieß die Zeit nicht war, das

Evangelium in Italien zu verbreiten. So verließ er am 11. September 1847 thränenden Auges sein Vaterland, seine gesicherte Stellung, seine Eltern, seine Freunde, und ging nach Malta, wo er offen seinen evangelischen Glauben bekannte. Von da aus suchte er durch Schriften auf die religiöse Wiederbelebung seines Volks zu wirken; er gab eine christliche Zeitschrift heraus unter dem Titel: der katholische Christ (il cattolico cristiano), verfaßte da seine oben genannte Broschüre über die Beichte*), eine andere über die Ehelosigkeit der Priester und mehrere ähnliche, worin er mit großer Gelehrsamkeit und Vertrautheit mit den Vätern die katholische Kirchenlehre und Praxis angriff und auf die Schrift als alleinige Quelle aller religiösen Wahrheit nachdrücklich hinwies. Von Malta ging er eine Zeit lang nach Genf. Er wirkte dort unter den mancherlei evangelischen Brüdern, die um des Evangeliums willen ihre Heimath verlassen und sich nun aus fast allen Theilen ihres gemeinschaftlichen Vaterlandes in Genf zusammengefunden hatten. Nachdem er sie verlassen, um sich in den Dienst der Waldenser zu begeben für die Evangelisation in Italien, erlebte er die Freude, daß sich seine italienischen Glaubensgenossen in Genf, gegen vierzig an Zahl, am 10. October 1853 zu einer eignen kleinen Gemeinde zusammenschlossen, welche die verbannten Evangelischen sammeln und für viele aus politischen Gründen vertriebene katholische Landsleute ein Mittel werden sollte, daß sie in Christo das Heil ihrer Seelen fanden und um seinetwillen auch lernten, aller menschlichen Ordnung unterthan und gehorsam zu sein.

De Sanctis wirkte in Turin, wo er gemeinschaftlich mit den Waldensern und als ministre de l'église Vaudoise an der italienischen Gemeinde arbeitete, unter großem Segen. Seine gründliche wissenschaftliche Kenntniß des Katholicismus, seine langjährige Erfahrung als Beichtiger, wo er in das innerste Leben der römischen

---

*) Einzelne Stücke daraus sind übersetzt im Novemberhefte der Protestantischen Monatsblätter von 1855, das erste, zweite, neunte und zehnte Capitel auch in Nr. 50 und 51 der Allg. Kirchen-Ztg. von 1852.

Christen hineinschaute und ihre tiefsten Bedürfnisse kennen lernte, seine außerordentliche Bewandertheit in der heil. Schrift und seine Geschicklichkeit in ihrer Auslegung machten ihn vor den meisten Andern gerade für die Arbeit an der Evangelisation geeignet. Er wurde auch ein eifriger Mitarbeiter an der von den Waldensern in Turin herausgegebenen evangelischen Zeitschrift La buona novella (die fröhliche Botschaft), giornale della evangelizzazione italiana. Dieselbe wurde im Jahre 1852 begründet und erscheint noch jetzt in vierzehntägigen Heften von 16 Seiten Octav. Sie enthält kurze dogmatische Auseinandersetzungen, asketische Betrach= tungen, Besprechungen über allgemeine und specielle Zeitfragen und bringt sehr gut gewählte kirchliche Nachrichten sowohl aus Italien, was sie für das Ausland besonders wichtig macht, als aus andern protestantischen und katholischen Ländern. (Der jährliche Abonnementspreis für Deutschland ist nur 5½ Francs, also nicht ganz 1½ Thaler, einschließlich des Porto's). Diese Zeitung erscheint in einer von den Waldensern selbst gegründeten und ihnen eigen= thümlichen Buchhandlung, wo auch eine Menge von kleineren und größeren Tractaten gedruckt wird. Sie befindet sich in einem großen, 1856 errichteten Gebäude neben der Kirche, in welchem außerdem noch die Wohnung des Geistlichen, eine evangelische Schule und ein Hospital für Kranke angelegt sind.

So breitete sich allmälig in der Hauptstadt des sardinischen Königreichs die Kunde vom Evangelium aus. Waldenser und Italiener arbeiteten in friedlicher Gemeinschaft an dem Einen Werke.

Aber nicht nur auf die Hauptstadt beschränkte sich das neue evangelische Leben und die erweckende und pflegende Thätigkeit der Waldenser. In Nizza war schon im Jahre 1850 eine kleine italienisch=französische Gemeinde zusammengetreten. Sie schloß sich 1852 an die Waldenser an. Eine Knaben= und eine Mädchen= schule konnten im Laufe der Zeit gegründet werden, auch ein kleines Krankenhaus (asile pour les malades) mit 12 Betten erstand, und eine wenn auch nicht gerade ansehnliche Bibliothek sorgte für die religiöse und sonstige Bildung der Gemeinde. Im November

1857 hatte man die Freude, eine eigne kleine Kirche im griechischen Stil eröffnen zu können; sie gewährt Raum für etwa 500 Menschen. Die zwei Geistlichen waren die Herren Gay und Léon Pilatte. Leider haben die jüngsten Ereignisse, durch welche Nizza mit Frankreich verbunden ist, eine betrübende Veränderung herbeigeführt. Der Bericht der waldensischen Table an die in diesem Jahre vom 15. Mai ab gehaltene Synode sagt unter der Rubrik Nizza*): „Ohne Zweifel steht dieser Name zum letzten Mal in den Berichten der Verwaltungsbehörde unter den Missionsstationen der waldensischen Kirche. Mit dem Gefühl tiefer Trauer und lebhaften Bedauerns müssen wir es aussprechen. Dieses Bedauern würde noch größer sein, wenn wir fürchten müßten, daß dieser Posten für die Evangelisation verloren wäre. Aber wir haben die gegründete Hoffnung, daß das Werk, welches wir beginnen und nicht ohne Segen während voller acht Jahre weiter führen durften, von irgend einer andern evangelischen Kirche fortgesetzt werde, und wir werden nicht eifersüchtig sein, wenn wir hören, daß der Erfolg ein noch viel größerer ist." Wie es jetzt in Nizza um die evangelische Gemeinde steht, ist dem Verfasser unbekannt. Jedenfalls wird wohl die französisch-protestantische Kirche sich dieses lohnende Arbeitsfeld nicht entgehen lassen. — Auf dem Eigenthum der Waldenser-Kirche in Nizza haftet noch immer ein Deficit von 18000 Francs.

In La Tour (La Torre), dem Hauptort der Waldenser-Gemeinde in den Thälern, durfte außer der alten, mit dem Hospital verbundenen Kirche nun noch eine neue erbaut werden, welche am 17. Juni 1852 eingeweiht wurde. Auch dieses ist ein schöner, freundlicher Bau mit zwei Thürmen; über dem Eingange steht in italienischer Sprache: Das ist das ewige Leben, daß sie Dich, der Du allein wahrer Gott bist, und den Du gesandt hast, Jesum Christum, erkennen. (Joh. 17, 3.)

Auch in Pignerol (Pinerolo) am Eingange der Thäler,

---

*) Rapport de la Table de l'église Vaudoise au Synode de cette église s'ouvrant au Pomaret le 15. Mai 1860, Turin, p. 14.

der Stadt, in welcher von den Bischöfen so viel Feindliches gegen
die Waldenser ausgebrütet worden war, bildete sich nun eine kleine
waldensische Gemeinde. Ein Freund der Kirche ließ ihnen 1855
aus eignen Mitteln ein großartiges massives Gotteshaus errichten,
das sehr imposant in dem lieblichen Thale aufsteigt.

Alessandria, Casale, Voghera wurden außer den ge=
nannten Orten Mittelpunkte für die evangelische Bewegung. Ganz
eigenthümlich ist die Entstehung der kleinen Gemeinde in Favale
nicht weit von Genua. Eine große Bauernfamilie von sieben
Zweigen wurde allein durch die Bibel zum evangelischen Glauben
bekehrt. Lange Zeit lebten sie ohne Zuspruch eines besondren Geist=
lichen, in gegenseitiger Vermahnung und gemeinschaftlicher Er=
bauung. Sie bildeten den Kern einer kleinen Gemeinde, die erst
im November 1853 sich von der waldensischen Tafel einen Geist=
lichen erbat. Es konnte ein kleines Schulhaus errichtet und in
neuester Zeit auch eine hübsche kleine Kapelle erbaut, sowie das
alte, baufällig gewordene Schulhaus wieder in Stand gesetzt wer=
den. Von jener Familie Cereghini aber weiheten sich vier Glieder
dem Dienste an der Verbreitung des Evangeliums; sie sind jetzt
als Colporteure theils in Toscana, theils in der Lombardei und
der Romagna thätig.

In Savoyen wurde von Genf aus an der Evangelisation
gearbeitet. In Chambery, Annecy, Thonon und Evian
entstanden Gemeinden, von denen nun erst die Zukunft lehren
wird, wie sie unter französischer Herrschaft geistlich bedient werden
können. Eine kleine evangelische Gemeinde hatte sich auch schon
1856 in dem Badeorte Courmayeur, im Thale von Aosta,
gebildet, und ein Prediger der Genfer evangelischen Gesellschaft ar=
beitete daselbst. Aber den vielen Anfeindungen der römischen Hie=
rarchie, welche zuletzt selbst den weltlichen Arm zu Hülfe rief,
gelang es, das kleine Häuflein zu sprengen. Die öffentliche Pre=
digt verstummte auf einige Zeit, und eine kleine Zahl der Ge=
meindeglieder fiel ab. Zu Anfang des vorigen Jahres aber brachte
es der Pastor Curie, der sich der Waldenser=Kirche als Evangelist
angeboten hatte, dahin, daß nicht nur die Gemeinde sich wieder

öffentlich versammeln, sondern auch eine besondere Kapelle gebaut und eine Schule eröffnet werden durfte. Der von der Tafel nach Courmayeur gesandte Schullehrer Pons, mit den besten Zeugnissen versehen, hatte ohne alle Schwierigkeit von der obern Provinzial= behörde die Erlaubniß zur Eröffnung einer Schule daselbst erhal= ten. Sie blühte so schnell auf, daß die Clericalen bei der Pro= vinzialdeputation ein Verbot erwirkten, den Unterricht weiter fort= zuführen. Auf die Beschwerde des Herrn Pons aber wurde dieses Verbot durch den Minister sofort cassirt, und die Schule erfreut sich nach wie vor einer ungehinderten gesegneten Wirksamkeit*). Auch in Aosta ist in neuester Zeit mit Billigung der Ortsbehörde**) ein Local für den Gottesdienst eingerichtet. Derselbe wird alle 14 Tage am Sonntag von Herrn Curie gehalten, und es finden sich dabei gegen 60 Personen ein. Es ist aller Grund vorhanden zu hoffen, daß Aosta noch ein wichtiger Posten für die Evangeli= sation werden wird.

Wir haben nun noch von einer Stadt zu reden, welche neben Turin und Alessandria als der bedeutendste Sammelpunkt evan= gelischen Lebens in Sardinien zu betrachten ist: Genua. Am Weihnachtsfeste 1852 fand hier der erste protestantische Gottesdienst in italienischer Sprache statt. Die Gemeinde erbat sich von der waldensischen Tafel einen Geistlichen und dieselbe sandte Herrn Geymonat, dessen gewaltsame Ausweisung aus Florenz wir früher erzählt haben. Binnen Kurzem konnte man schon eine evangelische Schule in einem eigens dazu bestimmten Hause gründen. Wie sehr die neue Bewegung in Genua auffiel, kann man aus folgendem, höchst bezeichnendem Zuge ersehen. Als im Sommer 1854 die Cholera besonders heftig in Genua wüthete, entblödete sich der dortige Erz= bischof nicht, in einem Hirtenbriefe als Ursache für die besondere Strenge der Krankheit die anzugeben, daß man der verderblichen Häresie so bereitwillig Thür und Thor geöffnet und ihr einen so friedlichen

---

*) Vgl. La Buona Novella 1860, No. 2, p. 29.

**) „avec l'assentiment et nous dirions même l'approbation des au=
torités locales", in dem oben genannten Bericht der waldensischen Tafel, S. 12.

Empfang habe zu Theil werden lassen. In dieser Cholerazeit machte sich übrigens die evangelische Gemeinde Genua's durch ihre große Opferfreudigkeit alles Lobes würdig. Sie verwandelte ihre Schule in ein Spital und öffnete dasselbe Kranken jeder Confession. Ihre eignen Glieder leisteten dabei wohlorganisirten Krankendienst, und fünf Männer und zwei Frauen fielen selbst ihrer Liebesarbeit zum Opfer.

Wie in Turin Luigi de Sanctis, so arbeitete hier in Genua ein zu diesem Werke vortrefflich begabter Mann ausschließlich für die Evangelisation unter den Italienern: Bonaventura Mazzarella. Aus Gallipoli am Meerbusen von Otranto im Neapolitanischen gebürtig · und ursprünglich dem Advocatenstande angehörig, verließ er um politischer Ursachen willen im Jahre 1848 seine Vaterstadt und ging, noch in völligem Unglauben, nach Griechenland. Er wollte dort Griechisch lernen, um mit Hülfe des Neuen Testaments in der Ursprache einen englischen Missionar um so kräftiger angreifen zu können, der seinen Zorn auf sich geladen hatte. Es geschah mit großem Eifer und Heftigkeit. Darauf verließ er Griechenland und wandte sich nach Genf. Hier lernte Mazzarella das Evangelium kennen und ergriff es mit der ganzen lebhaften Gluth seines Naturells. Das Erste, was er that, war, daß er jenen englischen Missionar flehentlich um Verzeihung bat für das Unrecht, das er ihm angethan habe. Dann ging er nach Piemont, um sich der waldenser Tafel als Gehülfen an der Predigt des Worts unter seinen Landsleuten anzubieten. Er wurde 1852 neben dem waldensischen Geistlichen Geymonat als Evangelist in Genua angestellt und widmete seine ganze Kraft dem Dienste am Wort. Er versammelte die Glaubensgenossen möglichst oft zur Belehrung und gemeinsamen Erbauung und wandte seine außerordentliche Gabe der Beredtsamkeit, von der Schreiber dieses wiederholt Zeuge gewesen ist, treulich dazu an, die Herzen zu festigen auf dem Einen Grunde, aus welchem die Kraft zum Leben und gottseligen Wandel fließt *).

.*) Mazzarella hat soeben ein vortreffliches philosophisches Werk herausgegeben unter dem Titel: Critica della scienza (Kritik der Wissenschaft),

So hatte das Evangelium in Sardinien seinen Fortgang, und viele tüchtige Kräfte standen in seinem Dienste. Die Waldenser waren an der Spitze der Bewegung; sie unterhielten, selbst von auswärts reichlich unterstützt, die Evangelisten und Colporteure; an die table vaudoise ergingen die Berichte über den Fortschritt der evangelischen Sache.

Aber an den zwei Hauptorten, in Turin und Genua, entstand allmälig das Bedürfniß, sich zu der Waldenser=Kirche etwas freier zu stellen. Man hatte das wohl nicht ungegründete Gefühl, daß die Kräfte des Israël des Alpes nicht ausreichten, die Leitung der ganzen, immer größeren Umfang gewinnenden, Bewegung fortzuführen. Die Waldenser waren seit Jahrhunderten aus ihren engen Thälern kaum herausgekommen; der Verkehr mit der übrigen italienischen Welt hatte lange gefehlt. Sie kannten weniger die Bedürfnisse ihrer Zeitgenossen, als ihre aus dem Katholicismus eben erst herübergetretenen Brüder; diese wußten, womit sie auf ihre katholischen Landsleute wirken, wie sie die Gewissen erschüttern, die Lauen zu kräftigem Ernst erwecken konnten; sie hatten die Erfahrung noch eben an sich selbst gemacht. Dazu kam, daß bis dahin die allgemein in den Thälern übliche Sprache die französische war; trug auch das eigne italienische Vaterland die Schuld davon, daß die Waldenser ihre Geistlichen und Lehrer im Auslande, besonders in der französischen Schweiz, bilden lassen mußten, daß Gottesdienst und Schulunterricht schon lange in französischer Sprache gehalten wurden, so war doch eben die traurige Thatsache vorhanden, so legte die Sprachverschiedenheit doch immer wieder Hindernisse in den Weg. Und endlich machte man auch der waldensischen Tafel den

Genova 1860, worin er eine umfassende und gründliche Kenntniß der Philosophie, besonders auch der neuern deutschen, bekundet.[*] Er hat sich darin die Aufgabe gestellt, von Kant und Hegel zu einem sie beide verbindenden praktisch=theoretischen Principe überzugehen, und dieses ist ihm das teleologische. Der Mensch hat einen einigen letzten Zweck und der ruht in Gott. Von diesem Grundgedanken aus ist der Aufbau der Wissenschaft möglich. Er entwirft davon am Schluß eine kurze Skizze. Das Buch hat ihm nach den neuesten Berichten eine Professur der Philosophie an der Universität Bologna eingetragen.

Vorwurf, in den neu gebildeten Gemeinden zu ängstlich über der
Einführung der Verfassungs= und gottesdienstlichen Formen der
Thäler zu wachen; man verlangte freiere und dem eignen Bedürf=
nisse mehr entsprechende Bewegung.

In diese Bahnen lenkten denn mehrere der evangelischen Ita=
liener ein, welche im Sommer 1854 in den beiden genannten
Städten zu rein praktischen Zwecken zusammentraten. Es bildete
sich in Genua ein „evangelischer Verein" (Società Evangelica),
der, unabhängig von den Waldensern, die von diesen geleitete Evan=
gelisation in der Stadt und Umgegend zunächst nur durch Werke
der Wohlthätigkeit unterstützen wollte. Fast alle die Gemeinde=
glieder, welche zur Zeit der Cholera in Genua in dem improvisir=
ten Hospitale thätig gewesen, waren dem Vereine beigetreten. Das
Erste, was man beabsichtigte, war die Errichtung eines eignen
stehenden Krankenhauses für einheimische und fremde Protestanten;
sodann sollten für den Winter Lebensmittel in Masse gekauft und
an die Armen der Gemeinde für geringeren Preis abgelassen wer=
den; der Verbreitung der Mäßigkeitssache wollte man sich widmen,
Schulen errichten, kurz, in jeder Weise durch die That Zeugniß
ablegen von dem Leben in Jesu Christo, dessen man theilhaftig
geworden war. Daneben sollten aber auch für häufigere Erbauungs=
und Bibelstunden Evangelisten gewonnen und für Bildung von
solchen in der Gemeinde baldigst Sorge getragen werden. Gleiche
Zwecke verfolgte der in Turin entstehende evangelische Verein, als
dessen hervorragendstes Glied de Sanctis zu betrachten ist. Zu
den Waldensern suchte man sogleich in ein freundliches Bruder=
verhältniß zu treten, und die Genueser Gesellschaft bot der Tafel
zum guten Anfang einen der Evangelisten an, welchen sie gewon=
nen hatte und nach dessen Diensten jene, wie man wußte, Ver=
langen trug. Es ereignete sich aber etwas, wodurch gleich im
Beginn das gute Verhältniß gestört und der Waldenser=Kirche
manche Kräfte abwendig gemacht werden sollten, die sie bisher
mit reichem Segen hatte verwenden können.

Schon im Jahre 1853 machte die wachsende Zahl der Pro=
testanten in Genua den Besitz eines größeren gottesdienstlichen

Locales wünschenswerth. Die Waldenser richteten ihre Augen auf ein Gebäude in dem borgo dei lanieri, welches ursprünglich eine katholische Kirche war, la gran Madre genannt, jetzt aber nicht mehr zum Gottesdienste, sondern als Holzschuppen benutzt wurde. Diese Kirche wollte man ankaufen und dann wieder zum Cultus herrichten. Dem Kaufe stellten sich keine Schwierigkeiten in den Weg; nur mußte, weil sich die Regierung scheute, die Waldenser= Kirche als juristische Person anzuerkennen und ihr das Kaufrecht zu gestatten, eines ihrer Glieder, der Parlamentsabgeordnete Malan (nicht der oben genannte Geistliche), den Kauf auf seinen Namen vollziehen lassen. Die Kaufsumme belief sich auf 50000 Francs, und man rechnete weitere 15000 für die Kosten zum innern Aus= bau der Kirche. Durch Collecten im In= und Auslande sollte dem Herrn Malan die vorgeschossene Summe zurückerstattet wer= den. Aber während man mit der Herrichtung des Innern be= schäftigt war, regte sich mit Macht die katholische Opposition. Eine ursprünglich römische Kirche sollte nicht durch ketzerischen Gottes= dienst entweiht werden. Der Erzbischof von Genua, Msgre Char= vay, reiste selbst nach Turin, um den König zu beschwören, die Erlaubniß zur Herrichtung der Kirche zurückzunehmen. Die Gran Madre liege in dem bigotten Arbeiterviertel Genua's, und man riskire das Aeußerste, wenn die Eröffnung des häretischen Gottes= dienstes dort erlaubt werde. Es gelang, den König zu bewegen. Auf seinen Befehl mußten im Mai 1854 die Arbeiten in der Kirche eingestellt und jede Hoffnung aufgegeben werden, sie je wieder aufzunehmen. Was aber nun mit dem großen leeren Ge= bäude anzufangen? Das Beste war immer noch, es zu verkaufen, da man doch nicht erwarten durfte, es noch einmal gottesdienstlich benutzen zu können. Aber man verkaufte es an katholische Priester, für den Preis von 60000 Francs. Das gab Vielen großen An= stoß. Mazzarella reichte sofort, als er von dem beabsichtigten Ver= kauf hörte, ein Entlassungsgesuch ein für den Fall des wirklichen Abschlusses des Contractes. Er könne es nicht ertragen, daß in einem den Protestanten angehörigen Gotteshause sich eine Kanzel erheben sollte, von der gegen das Evangelium, gegen die eigne Kirche gepredigt werden würde. Lieber pecuniären Verlust ertragen, als einen solchen anstößigen Schritt thun. Aber seine Mahnung war vergeblich. Der Verkauf wurde abgeschlossen, Mazzarella schied aus dem Dienste der waldensischen Kirche. Jedoch erklärte er, er sei bereit, ohne Besoldung und in größerer Unabhängigkeit von Table weiter das Evangelium zu predigen. Sein Vorschlag wurde nicht angenommen. Die zwei evangelischen Vereine von Genua und Turin stellten sich nun ebenfalls den Waldensern fremder. Ihre Abge= sandten waren nicht gehört, ihre Briefe nicht beantwortet worden; es hatte den Anschein, als ob die Tafel ihre Existenz nicht aner= kennen wollte. Mazzarella, der bei der Gründung durchaus nicht mit betheiligt gewesen war, trat nun der Società Evangelica von Genua bei. Aber da er die freundschaftliche Anerkennung des Ver= eins von Seiten der Waldenser bewirken wollte, so bewog er selbst das Comité desselben, ihn der Tafel als Evangelisten anzubieten; er arbeitete dann in ihrem Dienste, war aber doch freier gestellt als bisher. Aber auch darauf ging die waldensische Behörde nicht ein. So stellten sich denn die beiden Vereine ganz selbständig von den Waldensern hin und führten neben diesen das Werk der Evan= gelisation fort, das sie bisher in Gemeinschaft betrieben hatten. Daß in der ersten Zeit eine gewisse Spannung der Gemüther an= hielt, ist leicht erklärlich*). Aber nach und nach wurde die gegen= seitige Stellung wieder freundlicher; die Waldenser verstanden mit der Zeit das Berechtigte in dem Streben der Italiener nach größe=

---

*) Der waldensische Geistliche M. Tron griff in einem lithographirten Schreiben die evang. Vereine und de Sanctis wie Mazzarella persönlich an. Letzterer antwortete in einem wunderschönen Briefe voller Liebe und kindlichen Gottvertrauens, worin er die Vorwürfe zurückweist und ausführ= lich die Gründe der Trennung bespricht. „Mazzarella risponde alle accuse del Sig. T... della Torre, ministro e professore Valdese", 1854 auch lithographirt. Aus diesem und einigen handschriftlichen Privatbriefen sind die obigen Mittheilungen genommen. Mazzarella schließt mit den Worten: „Lassen Sie uns nicht vergessen, daß wir von Ein und demselben HErrn erlöst sind. In necessariis unitas, in dubiis libertas, in omnibus chari= tas." (In nothwendigen Dingen Einheit, in zweifelhaften Freiheit, in allen Liebe.)

rer Unabhängigkeit von ihnen, und diese Letzteren erkannten dankbar an, wie viel sie der sechsjährigen treuen Arbeit und Leitung der Waldenser schuldig waren, und konnten sich auch nicht verhehlen, daß die Waldenser mit der größten Selbstverläugnung an der Abstellung der Mängel arbeiteten, welche ihnen die Herzen abwendig gemacht hatten.

Vor Allem dachten diese daran, die Schwierigkeiten, welche ihnen die Sprachverschiedenheit bereitete, zu heben. In dem waldensischen Gymnasium (collège), welches zu La Tour in den Thälern errichtet ist, war man von nun an darauf bedacht, den Unterricht überwiegend in italienischer Sprache zu ertheilen; diejenigen von den 80—90 Schülern, welche sich später dem Werke der Evangelisation weihten, waren dann nicht mehr durch Sprachunkenntniß behindert. Im Jahre 1856 wurde ferner in La Tour ein theologisches Seminar gegründet (École de Théologie), damit die zukünftigen Geistlichen im Lande selbst und durch einheimische Lehrer in italienischer Sprache vorbereitet und nicht mehr gezwungen wären, in der Fremde die theologische Ausbildung zu suchen. Der Cursus ist ein dreijähriger; nach seiner Beendigung ist ein einjähriger Aufenthalt auf einer fremden Universität erforderlich. Schon lange war man bestrebt, um dieses Institut für die Evangelisationszwecke noch wirksamer zu machen, es aus den Thälern heraus und wo möglich nach Turin zu verlegen. Die neuesten Ereignisse modificirten diesen Wunsch. Die dießjährige Synode (1860) konnte beschließen, die École de Théologie nach Florenz zu verpflanzen. Hier, im Centrum einer neuen Bewegung, in dem Gewoge einer großen Stadt, können die zukünftigen Prediger die Bedürfnisse der Katholiken kennen lernen, hier können sie sich die italienische Sprache in ihrer feinsten Ausgestaltung zu eigen machen. Zudem waren die Waldenser darauf bedacht, ihrer Evangelisation immer mehr den Charakter einer specifisch waldensischen zu nehmen, um auch den Schein jenes Vorwurfs zu vermeiden, den man ihnen gemacht hatte. Auch nach dieser Seite hin hat die dießjährige Synode einen wichtigen und schon lange vorher in Erwägung gezogenen Schritt gethan. Die Leitung der Evangelisation ist der Tafel entzogen und einer Commission von fünf Gliedern übergeben worden, welche, wie die Tafel, der jährlich zusammentretenden Synode Rechenschaftsablage schuldig ist. Für das laufende Jahr sind in die Commission gewählt worden der uns schon von Florenz und Genua bekannte Geymonat, Revel, Bonjour, Jorand und Etienne Malan. Die Zukunft wird lehren, in wie weit diese Maßregeln geeignet sind, der waldensischen Arbeit am Werke der Predigt des Evangeliums größern Nachdruck zu geben.

Inzwischen erstarkten die zwei evangelischen Gesellschaften und schlossen sich fester zusammen. De Sanctis in Turin und Mazzarella in Genua waren die beiden bedeutendsten Glieder, welche durch Wort und Schrift die Sache des Evangeliums förderten. De Sanctis ging eine Zeit lang nach Genua, während Mazzarella in Turin Gastpredigten hielt; auf diese Weise entstand ein reger Verkehr und Mittheilung der beiderseitigen Kräfte. In Turin konnte auch, wozu in Genua die Mittel fehlten, eine evangelische Buchhandlung gegründet werden, libreria Biava. Besonders betrieben wurde die Sache durch die calabresische Emigrirtenfamilie Albarella de Afflitto, welche vor einigen Jahren in Piemont ungehinderte Ausübung ihres Glaubens gesucht hatte. Freie Beiträge der Evangelischen sollten die Kosten decken. Doch gelang es nicht, die Buchhandlung länger als ein halbes Jahr zu erhalten. Damit ging auch eine religiöse Zeitschrift ein, welche im October 1854 gegründet und von dieser Buchhandlung herausgegeben wurde: La Luce Evangelica, das evangelische Licht, unter der Redaction von Vincenzo Albarella. Ihr Charakter war derselbe, als der der oben genannten Buona Novella. — Auch für den religiösen und Schulunterricht bei den Kindern der Gemeindeglieder wurde gesorgt. Frau de Sanctis in Turin steht selbst einer evangelischen Mädchenschule vor. 120 Kinder besuchen eine evangelische Elementarschule. Die Schule in Genua leitete Fedele Betti, der, wie wir oben sahen, mit dem Grafen Guicciardini im Jahre 1851 aus Florenz verwiesen worden war. Auch der bei derselben Gelegenheit genannte Cesare Magrini lebte damals in Genua und nahm an der Leitung des Unterrichts Theil. In Genua entstand jetzt auch das beabsichtigte Hospital im Jahre 1856; es wurde ein eigner Arzt unterhalten und die Medicamente umsonst verabfolgt. Die Pflege übernahmen die Glieder der Gemeinde.

Es ist erklärlich, daß für alle diese Unternehmungen und zumal für die später zu besprechende Evangelisationsarbeit reichliche Geldmittel erforderlich waren. Da nach der Trennung von den Waldensern die evangelischen Gesellschaften von da her keine Unterstützung mehr erhielten, so war die Noth oft recht groß. Die Evangelisten, und unter ihnen auch Mazzarella, waren zum großen Theil genöthigt, durch ihrer Hände Arbeit sich den Lebensunterhalt zu verdienen. Zwar wurde von jedem Gemeindegliede erwartet, daß es bereit sei, für die gemeinsame Sache auch etwas zu opfern; und so setzte man einen wöchentlichen Beitrag fest zwischen 5 bis 100 Centesimi (Pfennigen). Aber was war das unter so Viele und bei so vielen nöthigen Ausgaben! Die armen Gemeinden konnten aus sich allein unmöglich die Kosten für die Evangelisation unter ihren katholischen Brüdern bestreiten. Kaum für ihren eignen Gottesdienst und Gemeindebedarf konnte hinlänglich gesorgt werden. So wendeten sich die evangelischen Gesellschaften an das protestantische Ausland und baten dringend um Hülfe. Aus der Schweiz und aus England flossen oft reichliche Beiträge, auch der Gustav-Adolphs-Verein schickte 1855 einmal 200 Thaler nach Genua, als ihm ein Augenzeuge der dortigen Verhältnisse die großen Bedürfnisse geschildert hatte; aber alle diese Sendungen genügten immer nur für die jeweilige Noth und auch das oft nicht. Die Klage über die fehlenden Geldmittel wird neben der über den großen Mangel an Arbeitern immer wieder laut. Die deutschen evangelischen Christen könnten sich wohl gedrungen fühlen, ihren englischen und schweizerischen Brüdern nachzueifern. Der Dank der Italiener ist überschwänglich; sind sie doch schon unbeschreiblich erkenntlich, wenn sie nur hören, daß viele Christen im Auslande ihrer gedenken und ihre Sache auf einem betenden Herzen tragen; wie viel enger würden sie sich an die große evangelische Kirche angeschlossen fühlen, wenn thatsächliche Hülfsleistung ihnen diese theilnehmende Gesinnung auch äußerlich bewiese! „So diene

Der Titel lautet:

evangelischen Kirchen, zu denen die evangelische italienische Kirche zu Turin besonderes christliches Zutrauen hat, vor, um von ihnen durch Gebet und Rath unterstützt zu werden.

I. Glaubensgrundsätze.

1. Wir glauben und beten an einen einigen Gott Vater, Sohn und heiligen Geist*).

2. Wir glauben, daß die ganze heilige Schrift, Alten und Neuen Testaments, in allen ihren Theilen göttlich inspirirt ist, und erkennen daher in ihr das Werk göttlicher Autorität und die einzige Richtschnur für Glauben und Wandel, sowohl für den Einzelnen, wie für die Kirche**).

3. Wir betrachten als von Gott eingegebene Bücher diejenigen Schriften des Alten Testaments, welche uns als solche von der jüdischen Kirche (Röm. 3, 2) übergeben worden sind, nemlich: die fünf Bücher Mosis (d. i. Genesis, Erodus, Leviticus, Numeri, Deuteronomium), die Bücher Josua, der Richter, das Buch Ruth, die zwei Bücher Samuelis, die zwei Bücher der Könige, die zwei Bücher der Chronika, das Buch Esra, Nehemia, das Buch Esther, das Buch Hiob, die 150 Psalmen, die Sprüchwörter, den Prediger Salomonis, das hohe Lied Salomonis, die sogenannten vier großen Propheten, als: Jesaias, Jeremias***), Hesekiel, Daniel, und die zwölf kleinen Propheten, als: Hosea, Joel, Amos, Obadja, Jona, Micha, Nahum, Habakuk, Zephanja, Haggai, Sacharja und Maleachi. — In Bezug auf das Neue Testament betrachten wir als göttliche und canonische Bücher diejenigen, welche nicht allein in sich selbst die Kennzeichen der Göttlichkeit offenbaren, sondern uns auch als solche unter der Einwirkung der göttlichen Vorsehung von der Gesammtheit aller christlichen Kirchen überliefert worden sind. Dieß sind: die vier Evangelien, die Apostelgeschichte, fünf-

---

*) Matth. 28, 19. Joh. 14, 16. 17 u. 26. Joh. 16, 13 u. 15. Apostelgesch. 5, 3 u. 4; 20, 28. 2 Cor. 13, 13. Eph. 2, 18. 1 Joh. 5, 7.

**) Spr. Sal. 30, 5 u. 6. Jesaia 8, 20. Joh. 5, 29. 2 Timoth. 3, 16 u. 17. Röm. 1, 16.

***) Die Klagelieder Jeremiä sind hier zu Jeremia mitgerechnet worden; sie finden sich in der Diodatischen Uebersetzung immer hinter Jeremia.

zehn Briefe des heiligen Paulus, nämlich: einen an die Römer, zwei an die Corinther, einen an die Galater, an die Epheser, an die Philipper, an die Colosser, zwei an die Thessalonicher, zwei an den Timotheus, einen an Titus, an Philemon, an die Hebräer; einen Brief des heiligen Jacobus, zwei Briefe des heiligen Petrus, drei des heiligen Johannes, einen des heiligen Judas und die Offenbarung St. Johannis.

4. Da die Bibel Gottes Wort ist, so glauben wir, daß sie Alles enthält, was zu unserm Heile nöthig ist, und daß sie für Alle klar und verständlich ist, welche in ihr mit aufrichtigem Herzen und Gebet nicht thörichte Fragen, sondern den Weg des Heils suchen. Daher geben wir nicht zu, daß es eine Person oder eine Gemeinschaft von Personen geben könne, welche eine allgemein gültige Erklärung des Wortes Gottes festzustellen vermöchten; sondern die Stellen, welche dunkel scheinen, müssen durch deutlichere Stellen erklärt werden, und zwar unter der Hülfe des heiligen Geistes, der die Gläubigen in alle Wahrheit leiten soll*).

5. Wir finden den Inbegriff unseres Glaubens in dem sogenannten apostolischen Symbolum, indem wir uns an Alles, was darin gelehrt wird, als an eine aus der heiligen Schrift geschöpfte Glaubensformel halten.

6. Wir glauben, daß Gott den Menschen rechtschaffen, nach seinem Bilde und Gleichnisse geschaffen hat. Aber Adam gehorchte dem Worte Gottes nicht und fiel aus der ursprünglichen Gerechtigkeit; und so ist durch Einen Menschen die Sünde in die Welt gekommen und durch die Sünde der Tod. Um deswillen ist die menschliche Natur von Adam her verderbt und sündhaft geworden, und wir Alle werden geboren als Kinder des Zorns mit einer Neigung zum Bösen und mit der Unfähigkeit, das Gute zu thun, das Gott befiehlt, so daß wir von Natur Sünder sind und die Strafen Gottes und den ewigen Tod auf uns ziehen**).

---

*) 5 Mos. 4, 2. Psalm 12, 6; 18, 30; 119, 9. 11. 72. 105. 140; Psalm 78, 5—7. Spr. Sal. 30, 5. Jerem. 8, 9. Luc. 16, 29—31. Joh. 20, 31. Joh. 14, 26; 16, 13.

**) Pred. Sal. 7, 29. 1 Mos. 1, 27. Röm. 5, 12. 1 Mos. 6, 5. Hiob 15,

7. Wir glauben, daß die Gerechten von der Sünde und vom ewigen Tode errettet, vor Gott gerechtfertigt und zum Anrecht des Heils zugelassen werden, nicht durch Werke der Gerechtigkeit, die sie gethan hätten, sondern nach der großen Barmherzigkeit Gottes und durch seine Gnade in Jesu Christo, unserem einigen und vollkommenen Erlöser*).

8. Dieser Gnade Gottes werden wir theilhaftig mittels des Glaubens an Jesum Christum, dessen Gerechtigkeit uns zugerechnet (imputata) wird; daher sind wir, als mit seiner Gerechtigkeit bekleidet, gewiß, in ihm Heil und ewiges Leben zu haben, da keine Creatur uns die Gabe Gottes rauben kann**).

9. Wir glauben, daß der Mensch, um in das Reich Gottes zu kommen, wiedergeboren werden muß durch den heiligen Geist. Diese Wiedergeburt wird in der heiligen Schrift neue Geburt, Bekehrung und Uebergang vom Tode zum Leben genannt***).

10. Wir glauben, daß ohne Heiligung Niemand den Herrn sehen wird. Daher müssen wir als theuer Erkaufte Gott preisen an unserem Leibe und ihn in uns tragen (dobbiamo glorificare e portare Dio nel nostro corpo, wohl Anspielung auf Gal. 6, 17), indem wir uns nicht nur alles Bösen und was den Schein des Bösen hat, enthalten, sondern auch dem Herrn nachfolgen und in allen guten Werken wandeln†).

11. Wir glauben, daß Jesus Christus wahrer Gott und wah-

14—16. Psalm 51, 6. Spr. Sal. 20, 9. Micha 7, 2 u. 4. Röm. 8, 7. Gal. 5, 19—21. Ephes. 2, 1. Coloss. 2, 13; 3, 3. Tit. 3, 3—5. Jerem. 31, 30. Röm. 1, 18 u. 32; 2, 3 u. 5; 8, 13; 9, 22.

*) Luc. 1, 68 u. 69. Joh. 3, 16. Röm. 8, 3. 2 Cor. 5, 18. Gal. 1, 4; 4, 4 u. 5. Ephes. 2, 4 u. 5. 1 Joh. 4, 9.

**) Habak. 2, 4. Röm. 1, 17. Marc. 16, 16. Luc. 7, 50. Joh. 3, 14 u. 15; 5, 24; 6, 29; 40, 47; 20, 29 u. 31. Apostelgesch. 10, 43; 13, 39; 16, 30 u. 31. Röm. 3, 22. 26. 27. 28; 4, 5; 5, 1 u. 2. Gal. 2, 17. 20. 1 Cor. 1, 30 u. 31. 2 Cor. 5, 21. Gal. 3, 13. Phil. 3, 9. Joh. 10, 27—29. Röm. 8, 31—39. 2 Tim. 1, 12; 4, 8. 1 Petr. 1, 3 u. 5.

***) Joh. 3, 3—6. Tit. 3, 5. 2 Cor. 5, 17. Galat. 6, 15. Ephes. 2, 10. 1 Petr. 1, 3.

†) Hebr. 12, 14. 1 Cor. 6, 20. 1 Joh. 3, 9. 1 Thess. 5, 22. 2 Petr. 1, 5—7. Phil. 4, 8. 2 Cor. 7, 1. Eph. 5, 1. 1 Joh. 2, 6. 1 Cor. 15, 58.

rer Mensch sei, d. h., wie das Wort Gottes es ausdrückt: Gott geoffenbaret im Fleisch*).

12. Wir glauben, daß Jesus Christus, der um unserer Sünden willen gestorben und um unserer Gerechtigkeit willen auferwecket ist, der einige Mittler ist zwischen Gott und den Menschen, der einige Hohepriester des Neuen Testaments, an welchem Priesteramte alle wahren Gläubigen Theil haben, das einige Haupt seiner Kirche, welche ist sein Leib**).

13. Wir glauben, daß Gott von Anfang die Gerechten erwählet hat zur Seligkeit in der Heiligung des Geistes, und darum hat Jesus Christus über seine Kirche den heiligen Geist gesandt, damit er sie in alle Wahrheit leite und sich in ihr alle seine Früchte und Gaben offenbaren; daher sollen wir den heiligen Geist nicht allein nicht betrüben, sondern seine Stimme hören und ohne Unterlaß beten, daß er sich immer mehr in uns offenbare***).

14. Wir hoffen, daß der Herr Jesus Christus vom Himmel herabkommen und unsern Leib der Niedrigkeit in den Leib seiner Herrlichkeit verwandeln wird, und glauben, daß an jenem Tage die Todten in Christo zuerst auferstehen und die lebenden Gläubigen verwandelt und so alle werden hingerückt werden in den Wolken dem Herrn entgegen in der Luft, und werden so bei dem Herrn sein allezeit †).

15. Wir glauben, daß am Ende aller Dinge auch die Bösen auferstehen werden; denn Gott hat einen Tag verordnet, an welchem er richten will die Welt in Gerechtigkeit durch einen Mann, in welchem er's beschlossen hat, und alsdann werden gehen die

---

*) Joh. 1, 14. Röm. 8, 3. 2 Cor. 7, 9. Gal. 4, 4. Phil. 2, 6—8. 1 Tim. 3, 16. Hebr. 5, 7—8. 1 Joh. 4, 2 u. 3.

**) Jesaj. 53, 3—12. Röm. 4, 25. Hebr. 8, 6; 9, 15. Röm. 8, 33. Ephes. 2, 13. 18. 19. 1 Joh. 2, 1. Psalm 110, 4. Hebr. 5, 6; 3, 1; 4, 14—15. 1 Petr. 2, 5 u. 9. Offenb. 1, 6; 5, 20. Ephes. 1, 20—23; 4, 15; 5, 23. Col. 1, 18.

***) 2 Thessal. 2, 13. Apostelg. 2, 16—21. Joh. 7, 38 u. 39; 14, 16. 17. 26; 15, 26; 16, 7. 8. 13. 14. 1 Cor. 6, 11; 12, 3—13. 1 Joh. 2, 20 u. 27. Gal. 5, 22. Ephes. 5, 9. Röm. 8, 15 u. 16. Ephes. 4, 30. 1 Thess. 5, 19. Gal. 5, 16 und 25.

†) 1 Cor. 15, 51—53. 1 Thess. 4, 13—18. Phil. 3, 21.

Gerechten in das ewige Leben und die Gottlosen in das ewige Feuer*).

16. Wir glauben an eine Kirche Jesu Christi, welche ist die Gemeinschaft derer, die da glauben an Gott den Vater, Sohn und heiligen Geist, erwählt von Gott dem Vater vor der Schöpfung der Welt, deren einiges Oberhaupt Jesus Christus, ihr Heiland, deren einiger Leiter der heilige Geist und deren einige Richtschnur für Glauben und Wandel die Bibel ist, das Wort Gottes**).

17. Wir glauben, daß Gott selbst in seiner Kirche ein Amt eingesetzt hat zur Zurichtung der Heiligen zum Werk des Amts zur Erbauung des Leibes Christi***).

18. Wir glauben, daß der Herr die Taufe und das Abend=mahl als Symbole und Pfänder des Heils eingesetzt hat, welches er uns erworben. Die Taufe ist das Zeichen der Abwaschung durch das Blut Jesu Christi und der Wiedergeburt durch den hei=ligen Geist. Das Abendmahl, in welchem wir durch den Glauben seinen Leib und sein Blut empfangen (nella quale riceviamo per la fede la sua carne e il suo sangue), verkündiget uns des Herrn Tod, bis daß er kommt †).

19. Wir erklären endlich, daß dieses unser Bekenntniß ist, dem Worte Gottes entnommen; diesen Glauben wollen wir ver=kündigen; nichtsdestoweniger aber betrachten wir als Brüder in dem Herrn Jesu Alle, welche aller Orten den Namen Jesu an=rufen, ihn als ihren Gott und Heiland erkennen und bekennen und in Sachen des Glaubens keine andere Autorität zulassen als die Bibel, wenn sie auch in andern Punkten nicht vollständig mit uns übereinstimmen.

---

*) Daniel 12, 2. Joh. 5, 28 u. 29. Offenbar. 20, 12 u. 13; 17, 31. Matth. 25, 46.

**) Matth. 28, 19. Marc. 16, 16. Apostelg. 4, 32; 5, 14; 11, 21. Ephes. 1, 4. 22. 23; 4, 15; 5, 23. Coloss. 1, 18. Joh. 13, 13; 14, 16. 17. 26; 16, 7. 13. Röm. 15, 4. Gal. 1, 7—9. 1 Timoth. 6, 3 u. 4. 2 Timoth. 3, 16 u. 17.

***) Ephes. 4, 11 u. 12. 1 Cor. 12, 28. Apostelg. 20, 28.

†) Matth. 28, 19. Apostelg. 2, 38 u. 39; 16, 33. Röm. 6, 3—4. Coloss. 2, 12. Matth. 26, 26—30. 1 Cor. 10, 16; 11, 17—34.

II. Grundsätze der Kirchenverfassung.

1. Da die Kirche, welche jetzt zu Turin in's Leben tritt, sich einzig und allein auf das Wort Gottes gründet, so nimmt sie den Namen einer evangelischen Kirche an.

2. Da sie sich durchaus nicht von dem Worte Gottes entfernen will, so erklärt sie hiermit für unwiderrufliche Grundsätze alles das, was sie im Worte für die Ordnung der Kirche vorgeschrieben findet, und erklärt, sich aller christlichen Freiheit bedienen zu wollen in den anderen Punkten, welche nicht ausdrücklich im Worte bestimmt sind*).

Von den Mitgliedern der Kirche.

3. Glieder der Kirche sind alle Gläubigen, welche im Worte Gottes Heilige, Auserwählte, Kinder Gottes u. s. w. genannt werden, die nicht nach Fleisch und Blut wandeln, sondern nach dem Geiste. Da jedoch das Richten der Herzen Gott allein zusteht, so nimmt die Kirche zu ihren Gliedern alle diejenigen auf, welche dieses ihr Glaubensbekenntniß mit Aufrichtigkeit und mit voller Ueberzeugung anzunehmen bekennen und durch ihren Wandel eine solche Erklärung nicht Lügen strafen**).

4. Die ganze Kirche spricht sich über die Zulassung neuer Glieder aus, in der Art, wie in der betreffenden Kirchenordnung festgesetzt werden wird.

5. Niemand ist Glied der Kirche durch das Recht der Geburt. Die evangelische Kirche von Turin, obwohl sie den Unterricht der Jugend als ihre Aufgabe ansieht, verwirft doch den Gebrauch, regelmäßige und zu bestimmten Zeiten zu haltende Aufnahmen in die Kirche vorzunehmen, da sie für solche Aufnahmen im Worte Gottes nirgends eine Spur findet; sondern Jeder wird Mitglied der Kirche gemäß den unter 3. und 4. gegebenen Bestimmungen.

Von den Versammlungen.

6. Die Kirche muß sich regelmäßig wenigstens jeden Sonntag zum Gottesdienst versammeln. Wenn nicht gegründete Hindernisse

---

*) 1 Timoth. 1, 14 und 15. Gal. 5, 1. 13.

**) Joh. 1, 12 u. 13. Röm. 8, 1. 14. 15. 16. 29. 30. Hebr. 12, 22. 23. Apgesch. 2, 41—47. Röm. 1, 7. 1 Cor. 1, 2.

obwalten, so werden auch während der Woche Versammlungen stattfinden. Die Glieder der Kirche mögen nicht vergessen, daß es ihre Pflicht ist, bei den Versammlungen nicht zu fehlen*).

7. Der Versammlung der Kirche kommt zu:

1) die Wahl der Aeltesten (anziani),

2) die Wahl der Diaconen,

3) die Ausgleichung von Streitigkeiten zwischen Brüdern,

4) die Wahl der von der Kirche auszuschickenden Sendboten und Deputationen,

5) die brüderliche Zurechtweisung, als der geringste Grad der Jurisdiction,

6) der Ausspruch der Ausschließung aus der Kirchengemeinschaft**).

8. In den gottesdienstlichen Versammlungen muß Alles genau befolgt werden, was das Wort Gottes, besonders im 11. und 14. Capitel des ersten Briefes an die Korinther, vorschreibt.

9. Bei den Versammlungen wird die Taufe und das heilige Abendmahl nach der Vorschrift des Wortes Gottes verwaltet. Da sich im Worte Gottes weder ein bestimmtes Gebot findet für die Taufe der Kinder, noch auch ein ausdrückliches Verbot, sie zu taufen, so erklärt die Kirche, sich der christlichen Freiheit bedienen zu wollen, indem sie es dem Gewissen der Eltern überläßt, ihre Kinder sofort zu taufen oder damit zu warten bis zu ihrer Bekehrung (conversione).

10. Das heilige Abendmahl wird regelmäßig jeden Sonntag gefeiert***).

Von dem Amte (ministero).

11. Die Kirche erkennt das allgemeine Priesterthum der Gläubigen an, kraft dessen jeder Christ berufen ist, sich Gott zu nahen ohne einen anderen Vermittler, als Jesum Christum, um

---

*) Joh. 20, 19 u. 26. Apgesch. 20, 7. 1 Cor. 16, 2. Hebr. 10, 25.

**) Apgesch. 1, 14—26; 6, 1—6; 14, 23; 15, 22. 1 Cor. 16, 3. 2 Cor. 8, 19. Matth. 18, 17. Röm. 16, 17. 1 Cor. 5, 3—5; 6, 1—5. 2 Thess. 3, 14 u. 15.

***) Apgesch. 20, 7.

ihn im Geiste und in der Wahrheit anzubeten und zu verkündigen die Tugenden dessen, der ihn berufen hat aus der Finsterniß zu seinem wunderbaren Licht*).

12. Neben diesem, allen Gläubigen gemeinschaftlichen Priester= amte erkennt die Kirche ein besonderes Amt an, das von Gott selbst in seiner Kirche eingesetzt ist zur Zurichtung der Heiligen zur Erbauung des Leibes Christi, welches Amt sich der Kirche kundgiebt durch die Gaben, welche Gott denen verleiht, die er erwählt. In Folge dessen hat die evangelische Kirche von Turin Aelteste und Diaconen**).

13. Die Aeltesten, im Neuen Testamente Presbyter und Bischöfe genannt, unterscheiden sich von einander und werden von der Kirche als unterschiedene anerkannt nur nach der Verschiedenheit der Gaben Gottes, nicht um irgend eines hierarchischen Unterschiedes willen***).

14. Die Aeltesten müssen von der Kirche gewählt werden, welche nach vielem Gebet, unter Verbannung jeder menschlichen Rücksicht, diejenigen wählen wird, welche unzweifelhafte Beweise gegeben, daß sie von Gott die Gaben des Amtes empfangen haben und daß sie im Besitze derjenigen Eigenschaften sind, welche das Wort Gottes fordert†).

15. Da die Kirche aus dem Worte Gottes ersieht, daß in der apostolischen Zeit die Aemter durch Handauflegen übertragen wurden, so behält sie diesen Gebrauch bei, indem sie jedoch erklärt, daß nicht das Auflegen der Hände, sondern die Gabe Gottes das Amt ausmacht (costituisce il ministero)††).

16. Die Aeltesten müssen die Kirche Gottes weiden nicht gezwungen, sondern williglich, nicht um schändlichen Gewinnes

---

*) 1 Petr. 2, 5 u. 9. Offenb. 1, 6; 5, 10; 20, 6. Joh. 4, 23.

**) Eph. 4, 11—16. 1 Cor. 4, 1. Hebr. 5, 4. 1 Cor. 12, 28. 2 Timoth. 4, 5. Apgesch. 20, 28. Röm. 12, 6—8.

***) Röm. 12, 5.

†) 1 Timoth. 3, 1—7; 5, 21 u. 22. Tit. 1, 5—8. Apgesch. 1, 23—26; 14, 23.

††) Apgesch. 6, 6; 13, 3. 1 Timoth. 4, 14; 5, 22. 2 Timoth. 1, 6.

willen, sondern von Herzensgrunde, mit Demuth und mit Eifer, und der Kirche mit gutem Beispiel voranleuchten*).

17. Die Kirche ihrerseits muß die höchste Achtung und Liebe für ihr Wirken haben, ihnen gehorchen, so viel möglich für ihren Unterhalt sorgen, sie in Ehren halten, kurz, sie als Diener Christi betrachten, die vom heiligen Geiste bestimmt sind, die Kirche Gottes zu weiden**).

18. Die Diener der Kirche, seien es Aelteste oder Diaconen, bleiben so lange in ihrem Amte, als die Kirche in ihnen die Gaben des Amtes erkennt.

19. Die Diaconen werden erwählt und eingesetzt wie die Aeltesten. Ihre Aufgabe ist, für die Bedürfnisse der Armen zu sorgen. Zu diesem Zweck versammeln sie sich unter einander, nach der Kirchenordnung. Es werden zu diesem Amte diejenigen erwählt, welche die vom Worte Gottes geforderten Eigenschaften haben***).

Von dem Presbyterium oder der Versammlung der Aeltesten.

20. Die Aeltesten versammeln sich wenigstens einmal die Woche, um für die Wohlfahrt der Kirche zu sorgen und Alles zu ordnen, was den Gottesdienst und die Evangelisation betrifft.

Von der Kirchenzucht.

21. Es ist Pflicht der Kirche, darüber zu wachen, daß in ihr die Reinheit der Lehre und der Sitten erhalten werde; daher steht es der Kirche zu, Zucht zu üben. Diese besteht:

1) in der brüderlichen Zurechtweisung †),
2) in der Ausscheidung der Aergerlichen, der Sünder, und derer, welche nicht die reine Lehre bewahren ††).

22. Wenngleich die Kirchenzucht von der Kirche selbst aus=

---

*) Apgesch. 20, 28. 1 Petr. 5, 1—4. 1 Tim. 4, 11—16.

**) 1 Thess. 5, 12—13. Hebr. 13, 17. 1 Cor. 9, 4—14. 1 Tim. 5, 17—18. Gal. 6, 6.

***) Apgesch. 6, 3—6. 1 Timoth. 3, 8—13.

†) Matth. 18, 15—17.

††) 1 Cor. 5, 1—5. Phil. 3, 2. Röm. 16, 17. 2 Thess. 3. 6. 14. 15. 2 Joh. 11.

geübt werden muß, so sollen doch auch die Brüder und vornehmlich
die Aeltesten wissen, daß es ihre Pflicht ist, die Sünder zu ermahnen
und, so viel sie vermögen, zur Buße zu leiten.

Besondere Pflichten der Kirche.

23. Wenn sich irgend ein Streit unter den Brüdern erhebt,
so soll die Kirche Alles thun, um ihn zu schlichten und zu verhindern, daß er vor die Gerichte gebracht wird *).

24. Die Kirche wird nach Kräften dahin streben, das apostolische Almosensystem wieder einzuführen, daß nämlich jedes Mitglied, anstatt selbständig im eignen Namen Almosen zu geben, der
Kirche überweise, was ihn sein Gewissen zu geben heißt, und daß
daraus eine gemeinsame Unterstützungskasse gebildet werde, welche
die Diaconen für die Armen der Kirche und für die Wittwen zu
verwalten haben **).

25. Die Kirche hat ferner Collecten zu veranstalten für die
gewöhnlichen wie für außerordentliche Bedürfnisse ***).

26. Da endlich alle Christen die Einigkeit im Geist halten
sollen durch das Band des Friedens, so empfiehlt die Kirche allen
ihren Mitgliedern, sich zu erinnern, daß es nicht der Name einer
Kirche ist, der uns selig macht, sondern die Gemeinschaft mit unserm
einigen Haupte, Jesus Christus; daher wollen wir Zwistigkeiten
und Secten vermeiden und Alle nach Einer Regel wandeln, Alle
Eine Gesinnung haben in Christo Jesu, damit wir Alle mit Einem
Munde loben Gott und den Vater unsers Herrn Jesu Christi †).

Dieß das Bekenntniß der evangelischen Kirche zu Turin. Es
spricht in vollem Maße die Uebereinstimmung mit den Grundlehren
des christlichen Glaubens aus, wie sie die Kirche der Reformation
von Neuem an's Licht gestellt hat. Ueberall thut sich das Bestreben

---

*) 1 Cor. 6, 1—8.
**) Apgesch. 4, 34 u. 35; 6, 1—4. 1 Timoth. 5, 3. 16.
***) Apgesch. 11, 29. 30. Röm. 15, 25. 26. 1 Cor. 16, 1. 2 Cor. 8,
1—4; 9, 1. 2.
†) Ephes. 4, 3. Röm. 12, 16. 1 Cor. 1, 10. Phil. 2, 2. 3; 3, 16.
1 Petr. 3, 8. Röm. 15, 5 u. 6.

kund, in der Lehre unmittelbar auf die Worte der Schrift selbst zurückzugehen, wie auch die kirchlichen Einrichtungen möglichst denen der apostolischen Kirche nachgebildet sind. Im Ganzen ergiebt sich die nächste Verwandtschaft mit dem reformirten Typus, wie denn auch die Waldenser und die meisten Italiener des 16. Jahrhunderts sich der schweizerischen Reformation anschlossen. Doch, wie oben bemerkt, verschmähen die Italiener jede solche engere Denomination und wollen nur evangelische Kirche heißen. Von den socinianischen und pantheistischen Auswüchsen, welche im 16. Jahrhundert den italienischen Protestanten so gefährlich waren, ist in dem vorliegenden Bekenntniß keine Spur zu finden: die Gottheit Christi, wie die Persönlichkeit und Dreieinigkeit Gottes werden gleichmäßig klar und offen bekannt. Das tiefste Gefühl von des Menschen Elend und seiner Untüchtigkeit zu dem Leben aus Gott durchzieht die aufgestellten Glaubensartikel, und dennoch hat sich dasselbe nicht bis zur Lehre von einer unbedingten Vorherbestimmung gesteigert. In Betreff der Sacramente lauten die Bestimmungen reformirt. Nur ist die Freigebung der Kindertaufe ein Punkt, wo vielleicht die weitere Entwicklung noch modificirend einwirken wird. Als bisheriger Usus ist, so viel ich weiß, die Taufe der Kinder beibehalten.

Eine gleiche Modification ist von der Zukunft zu erwarten für die Bestimmungen über das Kirchenamt. Sie sind es hauptsächlich, welche den Protestanten Italiens von mancher Seite den Namen Darbysten oder Plymouthisten eingetragen haben, gegen welchen diese selbst sich immer von Neuem wieder wehren. Die bedeutendsten Leiter der Kirche haben es dem Verfasser selbst erklärt, daß der gegenwärtig in vielen Orten bestehende Zustand nur ein Provisorium sei, das nothwendig von der Lage der Dinge gefordert werde. Jede Gemeinschaft muß ihre Kräfte erst prüfen, ehe sie sich ihre Leiter und Häupter setzt. Die Apostel selbst bildeten auf ihren Missionsreisen zunächst nur Gemeinden von Gläubigen durch das Wort der Predigt und setzten denselben Beamte erst dann, nachdem sich die Charismata eines Jeden in einer Zeit der Prüfung offenbart und bewährt hatten. So Paulus und Barnabas (Apgesch. 14), so Titus auf des Paulus Geheiß (Tit. 1, 5; vgl. 1 Timoth. 3, 10

und 5, 22). So geschieht es jetzt in Italien. Bereits existirt eine
Menge geprüfter und bewährter Diener am Worte, denen die
regelmäßige Predigt zusteht. Außer ihnen aber und auf ihre Aufforderung darf, wer da glaubt die Gemeinde erbauen zu können,
sei es durch ein Wort der Auslegung, sei es durch ein Gebet oder
einen Psalm, in der Versammlung reden; und hat er das Zeugniß
des heiligen Geistes nebst dem guten Zeugniß von denen, die
draußen sind (1 Timoth. 3, 7), so wird derselbe durch Handauf-
legung zum Dienste am Worte bestimmt, — ohne dadurch einen
character indelebilis zu erhalten, wie die evangelische Kirche
immer gelehrt hat.

Daß ein solches Provisorium freilich seine Gefahren hat, zumal bei den Italienern, die ohnehin für Organisation wenig Be-
gabung und Sinn haben, das darf man sich nicht verhehlen. Eine
zu lange Gewöhnung an nicht ganz geregelte Zustände kann immer
diese selbst als ein Definitivum erscheinen lassen und den Trieb
nach einer ordnenden Umgestaltung einschläfern. Und dieser Gefahr
ist man, wie wir sehen werden, wenigstens in Florenz ganz nahe
gewesen. Aber im Allgemeinen ist doch der Wunsch vorhanden,
bestimmt geregelte Verhältnisse zu erhalten, und dazu ist man im
Norden bereits gelangt. Die Zukunft wird lehren, ob es den
evangelischen Italienern gelingen wird, zwischen der stabilen Aeußer-
lichkeit der katholischen Kirche auf der einen Seite und der ganz
in's Spiritualistische sich verlierenden Formlosigkeit mancher neuerer
Secten andererseits die rechte Mitte zu halten. Daß die Gefahr,
der letzteren Richtung zu verfallen, für die Italiener größer ist,
als die andere, läßt sich nicht läugnen; schon die Geschichte der
italienischen Reformation im 16. Jahrhundert liefert warnende
Beispiele. Auch kann man sich ja nicht verhehlen, wie gerade sie
der größten Versuchung nach dieser Seite hin ausgesetzt sind: sie
haben in einer Kirche gelebt, welche Alles in starre, unumstößliche
Formen geschlossen und jedes selbstthätige, freie Auftreten der Laien
im kirchlichen Leben unmöglich gemacht hatte; — kein Wunder,
wenn diese nun, nachdem die sie an ihre alte Kirche fesselnden
Bande gefallen sind, am liebsten sich aller festen bindenden Formen

entschlagen möchten, wenn sie, im Vollgefühl der noch so unge=
wohnten königlich=priesterlichen Freiheit in Christo Jesu, gern hervor=
brechen möchten und überall selbständig eingreifen und mitwirken,
auch wo es ihres Amtes nicht ist. Es ist solches sehr erklärlich, sagen
wir, aber es ist auch sehr gefährlich; treten in solchen Fällen nicht
bald gesunde, von der Liebe gesetzte und gehaltene Schranken ein,
wie sie St. Paulus den Korinthern an's Herz legte (1 Kor. 13),
so ist die Gefahr nahe, im Individualismus zu verfahren und
durch Spaltungen und Trennungen in viel Trübsal zu gerathen.
Mögen daher von den italienischen Protestanten die schönen End=
artikel der beiden Theile des vorliegenden Bekenntnisses (19 und 26)
recht beherzigt werden! Unsere Aufgabe aber ist es, den neuen Brüdern
gegenüber uns nicht vornehm zurückzuziehen, sondern ihnen warme
Theilnahme durch Wort und That zu bezeugen, damit wir uns das
Anrecht erwerben, wenn es nöthig wäre, auch ein Wort der brüder=
lichen Mahnung ihnen zurufen zu dürfen. Dadurch thun wir
Handreichung als ein Glied dem andern und machen, daß der Leib
wächset zu seiner Selbstbesserung — und das Alles in der Liebe.

Was die weiteren kirchlichen Einrichtungen der Gemeinde zu
Turin betrifft, die sich in Genua und den übrigen unten zu
nennenden Gemeinden wiederfinden, so ist im vorliegenden Bekenntniß
selbst das Wichtigste angegeben. Die erstrebte Wiedereinführung der
apostolischen Almosenpflege hat in den meisten Gemeinden bereits
stattgefunden. An den Sonntagen wird von den Gemeindemit=
gliedern ein freiwilliger Beitrag erwartet, mit dem die Diaconen
die Bedürfnisse der Armen und Kranken bestreiten. Es mögen
hier noch einige Bemerkungen über die gottesdienstlichen Einrich=
tungen der evangelischen Gemeinden Italiens stehen.

Jeden Sonntag findet sich die Gemeinde in ihrem Betsaal,
wo ein solcher besteht, oder in Privatlocalen zum Gottesdienste ein.
Derselbe beginnt mit dem Gesange eines Liedes aus gedruckten
kleinen Büchern, die sich im Besitz jedes Gliedes befinden. Es
existiren verschiedene Ausgaben solcher Gesangbücher: Cantici sacri
ad uso dei Cristiani d'Italia 1853, mit mehrstimmigen Melo=
dieen; Inni e cantici ad uso dei Cristiani d'Italia, Torino 1854,

mit 69 Liedern; Inni e canzoni ad uso dei Cristiani evangelici d'Italia, Firenze 1860, mit 35, und Inni e salmi ad uso dei Cristiani d'Italia, Italia, ohne Jahreszahl, mit 30 Liedern. Diese Gesänge sind meist von Italienern selbst gedichtet und zum Theil sehr schön, voll Wärme und Begeisterung; doch giebt es darunter auch Uebersetzungen von fremdländischen Gesängen, englischen und französischen, auch deutschen Chorälen*). Die Melodieen sind belebt,

---

*) Zur Probe stehen hier eine poetische Bearbeitung des 130. Psalms, zu der es keiner Uebersetzung bedarf, und ein anderes kleines Lied mit deutscher Uebertragung, das wir, ohne lange zu suchen, herausgegriffen haben.

I.

1. Dal fondo del mio duolo
   Cadente di languor,
   A Te mi volgo solo
   La notte e il dì, Signor.
   Porgi l'orecchio al grido
   Del mio gemente cor,
   Ti muova, è tempo, o fido
   Signore, il mio dolor.

2. Dio santo, se a rigore
   Ne vogli giudicar,
   Dal giusto tuo furore
   Chi ne potrà scampar?
   Ma padre sei, l'affetto
   Tua mano disarmò.
   S'incurvi al tuo cospetto
   Sion che il tuo amor salvò.

3. Se l'alma giace affranta
   Dal peso del dolor,
   Conforto m'è la santa
   Parola del Signor.
   A lui levarmi anelo
   Lo invoco con amor,
   Prima che splenda in celo
   Il mattutino albor.

4. Israel in Dio sol fonda
   La sua speranza ognor,
   Egli di grazia abbonda
   Ne porge alta ancor.
   Di tutte nostre offese
   Egli ne riscattò
   Liberi appien ci rese
   Se il duol ne visitò.

aber wenig kirchlich, oft sentimental. Man hätte vielleicht noch mehr, als es schon geschehen ist, deutsche Choralmelodieen aufnehmen oder sich doch an ihnen bilden sollen. Uns sind nur wiederholt die Weisen von „Herzlich thut mich verlangen“ und „Wie nach einer Wasserquelle“ (Freu' dich sehr, o meine Seele) aufgestoßen. Der Gesang selbst ist vortrefflich, mehrstimmig, lebendig und voll, ohne Begleitung eines Instrumentes. Nach dem Liede wird ein Gebet gesprochen, von dem Evangelisten oder einem Diaconen,

II.

1. Io son solo la vita e la via;
   Io son quegli che toglie i peccati;
   Non v' ha colpa per nera che sia,
   Che il mio sangue non possa lavar.

2. Dunque a me, peccatore, rimira,
   Ed il pan della vita ricevi;
   A me vieni, il mio amore t'attira,
   Molti falli perdona l'amor.

3. Se da cure penose se' oppresso,
   Nel mio cuore deponile tutte,
   Ogni pena dovuta a te stesso
   Il divino mio amore portò.

4. Così parla dal tronco pendente
   Quell' Amore che amor non ha pari,
   Il divin Redentore morente
   Ci dà tutto donandoci sè.

1. Ich bin allein der Weg, das Leben,
   Ich bin, der träget alle Sünden,
   So schwere Schuld kann es nicht geben,
   Von der mein Blut nicht könnt' entbinden.

2. Auf mich daher, o Sünder, schaue
   Und koste von dem Lebensbrode,
   Zu mir komm, meiner Liebe traue,
   Mein Lieben rettet von dem Tode.

3. Bist du von schwerer Angst geschlagen,
   Birg sie allein an meinem Herzen,
   Mein göttlich Lieben hat getragen
   Die dir bestimmten großen Schmerzen.

4. So redet an dem Kreuze sterbend
   Die Liebe, der nichts zu vergleichen,
   Uns sterbend alles Gut erwerbend,
   Da sie sich selbst uns thut darreichen.

oder auch von einem der ordentlichen Mitglieder der Gemeinde
wenn solche es sprechen wollen. Die ganze Gemeinde beschließt
das Gebet mit Amen! Darauf folgt Schriftverlesung und Predigt.
Perikopenzwang giebt es nicht. Wenn der erste Redner geendet
hat, können sich andere anschließen, die entweder über denselben
Text weiter sprechen oder einen neuen wählen. Auch diese Predigten
werden durch ein Amen! der Gemeinde beschlossen. Nach den
Reden folgt ein Gebet, welches auf die sich anschließende Abend=
mahlsfeier Bezug nimmt, indem es Gottes Segen über die bereit
stehenden Elemente und die communicirenden Glieder der Gemeinde
herabfleht. Dieses Gebet, wie alle anderen, wird frei gesprochen;
es giebt keine Gebetsformulare. Nach dem Gebete tritt ein Diacon
an den Tisch heran, auf welchem die Elemente stehen, rother Wein
in einer gläsernen Flasche und ein kleines Laib Brod auf einem
Teller. Entweder unter Recitation der Einsetzungsworte oder unter
einem Gebete bricht er das Brod in zwei Hälften und reicht dann
den Teller mit dem Brode einem anderen Diacon, der denselben
unter der auf den Stühlen sitzen bleibenden Gemeinde umherreicht.
Jeder Communicant bricht sich selbst ein Stück von dem Brode.
Haben Alle gegessen, so spricht der am Tische stehen gebliebene erste
Diacon den Segen über den Wein, gießt ein Glas voll und über=
giebt es dem andern Diacon, der es in der Versammlung umher=
reicht. Jeder nimmt sitzend das Glas selbst in die Hand, trinkt
und giebt es dem Diacon zurück, der die Runde durchmacht. Darauf
folgt ein Gebet um Segen für das genossene Mahl, ein Schluß=
gesang und die Benediction. So neu und fremd auch diese Abend=
mahlsfeier dem Referenten war, so wurde er doch tief ergriffen
durch die ernste Weihe, die sich auf den Gesichtern aller Anwesenden
aussprach. Auch die Gebete zeugten von gleicher Stimmung.

Außer dem sonntäglichen Hauptgottesdienste giebt es, wo irgend
die Kräfte dazu vorhanden sind, noch allabendlich gottesdienstliche
Versammlungen. Nur der Montagabend ist gemeiniglich aus=
geschlossen, da an demselben die Anzianen (Aeltesten), Diaconen
und Evangelisten zusammentreten, um über das Wohl der Gemeinde
und allerhand Vorkommnisse zu berathen. Sonst finden sich die

Gemeindeglieder regelmäßig des Abends nach beendeter Arbeit zur bestimmten Stunde in ihren gottesdienstlichen Localen ein, um die so dringend nöthige religiöse Belehrung zu erhalten. Immer wechselnd findet eine Congregazione d'istruzione (Versammlung zur Belehrung) und eine Congregazione d'evangelizzazione (Versammlung zur Evangelisation) statt. Die erstere ist mehr für die eigentlichen Gemeindeglieder bestimmt; es wird darin nach Gesang und Gebet die Bibel lehrhaft ausgelegt, auch wohl aus der Geschichte der Bibel oder der Kirche erzählt u. s. w. Die Versammlungen zur Evangelisation sind dagegen auch für Solche berechnet, welche noch nicht der Gemeinde bleibend angehören. Auch hier wird gesungen und gebetet, die folgende Predigt aber setzt die biblische Wahrheit auch in ihrem Gegensatze gegen die katholischen Irrthümer auseinander. Natürlich ist aber auch hier die Controverse nicht Hauptsache: die Position der evangelischen Lehre überwiegt immer den Gegensatz gegen die römische Kirche. Die Evangelisten, die diese Abendgottesdienste allein zu leiten haben, wissen sehr wohl, daß sonst ihre Wirkung eine sehr oberflächliche und mehr zerstörende als aufbauende sein würde. Aber nöthig ist die Controverse allerdings, und zwar auch für die Glieder der Gemeinde selbst. Nach unserm Gefühle freilich, die wir im Frieden und in einem dreihundertjährigen Bestande unserer Kirche leben, sollte sie mehr in den Hintergrund gedrängt werden. Aber die besonnensten und mildesten unter den italienischen Evangelisten erklären, daß sie ohne Controverse nicht bestehen könnten. Es sei von Einzelnen versucht worden, aber die Reinheit der evangelischen Lehre in der Gemeinde selbst werde dadurch bedroht. Die Gemeindeglieder bedürfen einer ausdrücklichen Hinweisung darauf, daß dieses und jenes in Lehre und kirchlichem Leben des Katholicismus den protestantischen Anschauungen und Einrichtungen widerspreche. Die Wenigsten sind von Anfang an in dem geistlichen Leben so geschult, daß sie selbständig von den Hauptpunkten aus den Unterschied beider Kirchen in alle Einzelnheiten verfolgen könnten.

Diese Bemerkungen über Lehre und Verfassung der evange=

lischen Gesellschaften mögen genügen. Wir haben nun noch die Ortschaften zu nennen, wo außer Turin und Genua evangelische Gemeinden bestehen, in denen die angeführten Bestimmungen gelten.

Gleich nachdem die beiden Società evangeliche in Genua und Turin sich gebildet hatten, ließen sie sich auch ihrerseits die Verbreitung des Evangeliums angelegen sein. Sie entsandten zahlreiche Colporteure mit Bibeln und Tractaten, die oft über= raschenden Eingang fanden, oft aber auch viel Hohn und Spott einernteten. Die Turiner Gemeinde allein unterhielt schon 1854 deren sieben. Sie durchreisten das Land, stellten sich in den Straßen, an den Kirchen auf, besuchten die Café's und andere öffentliche Localitäten und hielten ihre Waare feil *). Wiederholt ist es vorgekommen, daß die katholischen Pfarrer selbst kauften, und nachdem sie gelesen hatten, auch ihre Gemeinden aufforderten, das Buch des Lebens zu erstehen. Die Zahlen der verkauften Bibeln übersteigen jede Erwartung. Von dem 1. Januar 1856 bis zum 1. Januar 1860 sind allein von den evangelischen Gesellschaften, also neben dem von den Waldensern und fremden Bibelgesell= schaften Abgesetzten 33,000 Bände Neuer Testamente, ganzer Bibeln und Tractate verkauft worden. Eine beachtenswerthe Thatsache ist, daß sich auch unter den Juden Italiens große Nachfrage nach der heiligen Schrift kundthut; während der ersten fünf Monate des Jahres 1860 waren an Juden 600 Neue Testamente abgesetzt.

So entstanden allmälig seit 1854 neben den von den Wal= densern bereits gestifteten noch an verschiedenen Ortschaften kleine evangelische Gemeinden, die zum größten Theil ihre eignen Lehrer erhielten, zum Theil aber für die geistliche Pflege einstweilen auf nahe gelegene größere Gemeinden angewiesen werden mußten. In der nächsten Umgebung von Turin traten in S. Mauro und Fomale einige Evangelische zu einer Gemeinde zusammen. Ferner bildeten sich dergleichen in Novara, in Asti, in Alessandria, wo die Protestanten besonders zahlreich sind, in Novi, in Graglia

---

*) Vgl. „Aus dem Tagebuche eines Colporteur's in Italien" in der Evangelischen Kirchenzeitung vom 24. Nov. 1860.

(bei Biella), in Fara (bei Novara), in Sarzana, Lerici und Arcola, an der Riviera di Levante im Genuesischen.

Man würde sich nun aber sehr irren, wenn man glaubte, in Folge dieser gesteigerten Evangelisationsthätigkeit seien nun die Katholiken sofort massenweise protestantisch geworden. Noch immer ist die Zahl der evangelischen Christen in ganz Italien ziemlich gering. Es muß dieß den ungeheuern Uebertreibungen gegenüber, die sich namentlich in englischen Blättern finden, nachdrücklich ausgesprochen werden. Es ist ein verwerfliches Verfahren, durch hohe Zahlen Interesse da gewinnen zu wollen, wo es an und für sich nicht schon vorhanden ist. Bei der vorhin erwähnten großen Verbreitung der Bibel darf man doch nicht vergessen, daß eine große Zahl heiliger Schriften auf unfruchtbaren Boden gefallen sein mag. Es mag Viele geben, die durch den Ankauf der Bibel als durch ein katholisches opus operatum ihre Seele salvirt zu haben meinen und das Bibelbuch selbst ungebraucht auf der Lade liegen lassen. Zu verwundern wäre dieß in Italien nicht. Nur kann allerdings mit der Zeit die ausgestreute Saat doch noch Boden finden, und darum ist es von Wichtigkeit, wie viel Bibeln verkauft sind. Nur halte man nicht Jeden für einen evangelischen Christen, der sich in den Besitz einer Bibel gesetzt hat.

Die Stimmung der Katholiken der neuen Erscheinung gegenüber war und ist vielmehr eine sehr getheilte. Die Meisten gehen indifferent an ihr vorüber; die Religion ist ihnen überhaupt gleichgültig, daher kümmert es sie nicht, ob man in der katholischen oder evangelischen Confession selig werden will. Eine große Zahl unter den katholischen Laien denkt nun aber wirklich nicht ungünstig von der evangelischen Bewegung. Selbst in höhere Stände hinein hat sich diese Stimmung verbreitet. Ein diesen Kreisen angehörender Mann in Florenz wies z. B. den Verfasser als auf ein Zeugniß für die sittliche Verkommenheit des italienischen Volkes darauf hin, daß, während in Florenz nun schon seit lange die Predigt des Worts erschalle, dem Volke also eine reinere und edlere „religione", wie er es nannte, angeboten werde, als die katholische, doch nur so Wenige diesem Glauben dauernd beigetreten seien. Ein katholischer Officier in Turin, der nicht wußte, daß ich Protestant sei, klagte die Evangelischen an, daß sie sich so wenig auf ihren eignen Vortheil verstünden: wenn sie Boten zur Predigt des Evangeliums aussendeten, dann würde ihnen in den Städten wenigstens Alles zufallen; der Katholicismus habe sich längst überlebt. Der Gedanke kam aber weder dem einen noch dem anderen dieser Herren in den Sinn, daß, wenn sie eine so günstige Meinung von dem Protestantismus hatten, sie selbst mit dem offenen Bekenntniß zu ihm frei hervortreten müßten. Es ist dieses eben der feine epikureische Indifferentismus, von dem wir oben sprachen; man will nur selbst nicht in Glaubenssachen incommodirt werden, die ruhige Stellung in der Gesellschaft nicht einbüßen, wenn man auch erkennt, daß in dem gegnerischen Glauben mehr Wahrheit und Kraft enthalten ist. Eine gleiche Stimmung durchzieht auch vielfach die niederen Schichten des Volkes. Man spricht mit Achtung von den Protestanten, man petitionirt für ihre politische Gleichstellung mit den Katholiken, man schreibt in Zeitungen von dem würdevollen feierlichen Ernst protestantischer Riten, wie das z. B. 1854 bei Gelegenheit des ersten öffentlichen evangelischen Leichenbegängnisses in Novara stattfand, wo auch ein großer Theil der Bevölkerung der Leiche ehrerbietig zum Grabe folgte, das auf dem allgemeinen Kirchhofe hergerichtet war. Aber die Zahl der Protestanten wächst darum doch nicht anders als nur sehr allmälig.

Auf der andern Seite begegnen wir aber auch einer geradezu feindseligen Stimmung gegen den Protestantismus. Sie findet sich natürlich am meisten unter dem katholischen Clerus, wenn auch gerade viele niedere Geistliche sich der evangelischen Bewegung angeschlossen haben. Oft ist das katholische Volk bis zu Thätlichkeiten gegen die Colporteure und andere Evangelische fanatisirt worden. Gerade Leichenbegängnisse haben wiederholt Gelegenheit zu den ärgerlichsten Auftritten gegeben. Man verfolgte die Leichenzüge mit Hohn und Spott, Geschrei und Pfeifen und warf mit Steinen nach den im Zuge gehenden Personen, selbst nach der Leiche. In Novara belegte der Bischof der Stadt bei Gelegenheit der vorhin erwähnten Beerdigung die betreffende Zeitung mit dem Banne und verlangte die Wiederherausgrabung des Leichnams, da er nicht auf dem katholischen Friedhofe bestattet werden dürfe. Die Behörde ging aber auf dieses Verlangen nicht ein. Unzählige Male veranlaßten katholische Priester die Ausweisung von Colporteuren oder doch die Wegnahme aller ihrer Bibeln und Tractate. Noch aus diesem Jahre berichtet die Buona Novella in ihrer zwölften Nummer einen Vorfall, den sie nur religiösem Fanatismus zuzuschreiben vermag. Am 23. Juni wurde ein junger Colporteur, der seit einigen Tagen sich in Aosta aufhielt, auf der Rückkehr aus der nächsten Umgebung, wo er seine Bibeln ausgeboten hatte, des Abends um halb zehn an der Brücke von Suaz, im Eingang von Aosta, plötzlich von zwei Menschen angefallen, durch Faustschläge und Fußtritte zu Boden gestoßen und mit einem Messer, das der eine zog, an drei Stellen so heftig verwundet, daß er regungslos am Boden liegen blieb. Damit zufrieden gestellt entfernten sich die Mörder, ohne daß sie ihm etwas geraubt hätten. Der Verwundete kam aber allmälig wieder zur Besinnung und schleppte sich seinem Absteigequartiere zu. Mit Hülfe einiger Vorübergehenden wurde er nach Hause gebracht und durch die eifrige Sorge seines Wirths, sowie des vortrefflichen Arztes Dr. Voggio bald mit der nöthigen Pflege versehen. Der Fall wird jetzt gerichtlich verfolgt.

Im Allgemeinen nimmt sich in Sardinien die Obrigkeit in Fällen der Verfolgung von Seiten der katholischen Geistlichkeit oder fanatisirter Volkshaufen der Evangelischen an. Aber im Grunde sind dieselben, so weit sie nicht dem engeren Verbande der waldensischen Gemeinschaft angehören, vor gerichtlicher Nachstellung auch in Piemont durchaus noch nicht gesichert. Die Verfassung von 1848 sprach allerdings aus: alle akatholischen Culte werden geduldet, nach Maßgabe der bestehenden Gesetze. Aber diese Gesetze selbst waren noch von dem Geiste der Unduldsamkeit dictirt worden, und nur die alten gegen die Waldenser gerichteten Bestimmungen hatte das Motuproprio des Königs Karl Albert aufgehoben. Waren doch selbst die durch die Waldenser zum Evangelium Bekehrten durch dieses Edict nicht völlig sicher gestellt. Im Herbst 1852, also vor der Abtrennung der evangelischen Gesellschaften von den Waldensern, wurde nach voraufgegangener Untersuchung Doctor Mazzinghi von dem Appellationsgericht zu Genua zu dreijähriger Verbannung verurtheilt, weil er protestantische Lehren und Diodatische Bibeln verbreitet habe. Sieben Monate hatte der Angeklagte in Untersuchungshaft gesessen. Am 23. Januar 1853 brachte der „Parlamento" die Nachricht, daß Mazzinghi seine gänzliche Begnadigung erhalten habe. Tags darauf stellte der Abgeordnete Brofferio in der sardinischen Kammer eine Interpellation in dieser Angelegenheit. Der Justizminister Buoncompagni entgegnete, daß, sobald das Ministerium von dem Falle Kenntniß bekommen, es sofort bei dem Könige auf Begnadigung des Verurtheilten angetragen habe. Das Urtheil sei den Gesetzen gemäß gewesen, aber die Gesetze selbst ständen noch in Widerspruch mit dem Geist der Verfassung von 1848 und sollten baldmöglichst revidirt werden. Der Minister verlas darauf ein von ihm unter dem 10. Januar an alle Gerichtshöfe des Königreichs gerichtetes Rundschreiben, in dem er die Mahnung ausgesprochen hatte, mit möglichster Vorsicht in allen den Fällen zu verfahren, wo es sich um Anklagen aus rein religiösen Motiven handle. Er wies in demselben auf die Madiai'sche Angelegenheit hin und den Eindruck, welchen das toscanische Verfahren damals in ganz Europa gemacht habe. Ein gleiches Befremden würde man auf sich ziehen, wenn man in solchen religiösen Fragen nicht die Rücksichten nähme, welche die Natur der Dinge selbst vorschreibe (quei riguardi che la natura delle cose prescrive). Er warnt vor einer zu „rigorosen Auslegung der Gesetze".

Schon im Juli 1854 wurde ein Befehl erlassen, die evangelischen Soldaten in der piemontesischen Armee von jeder Theilnahme an katholischen Ceremonien, Kirchenparaden u. s. f. zu entbinden, und wo protestantischer Gottesdienst gehalten würde, ihnen den Besuch desselben zu ermöglichen. Ein Gesetz vom 5. Juli desselben Jahres sprach die Straflosigkeit für Verkündigung von der Staatsreligion entgegenlaufenden Grundsätzen innerhalb der geduldeten Culte aus (impunità delle massime contrarie alla religione dello Stato enunciate nello esercizio di un culto tollerato).

Die milde Gesinnung der Regierung kann also nicht in Zweifel gezogen werden. Es war mehr der Eifer niederer Behörden, welcher ab und zu die Evangelischen in ernstere Verwicklungen zog. Doch kam auch ein Fall vor, der bis in obere Instanzen hinauf den Protestanten ungünstig entschieden wurde*).

Für November 1857 bis Januar 1858 war Bonaventura Mazzarella aus Genua nach Alessandria gegangen, um den dortigen Evangelischen zu predigen. Allabendlich wurden, wie dieses Sitte war, Versammlungen gehalten; in die Predigt theilten sich abwechselnd Mazzarella, Francesco Lagomarsino aus Genua (seit October 1856 in Alessandria als Geistlicher der dortigen Gemeinde) und Camillo Minetti aus Oneglia (der seit vier Monaten in Novara als Evangelist angestellt war). Die Gottesdienste fanden in einem von Lagomarsino in Miethe genommenen Locale statt. Nach dem öffentlichen Ausspruch des Vertheidigers Advocaten Luigi Zuppetta wurden wiederholt von den Priestern Alessandria's Männer in die Versammlungen geschickt, welche den Gottesdienst stören sollten. Die Prediger forderten jedesmal vor Beginn der Ansprache Alle auf, die Versammlung zu verlassen, welche ihre Denkart und ihren Glauben nicht theilten, „da ihnen sonst vielleicht von Seite der katholischen Kirche Excommunication drohe". Während der Predigt wurden sie von den Ruhestörern unterbrochen, interpellirt, ihren Worten widersprochen. Man wies sie hinaus, sie kehrten aber zurück und benahmen sich in der gleichen rohen Weise. Kurze Zeit darauf wurde gegen die drei genannten Evangelisten eine Klage anhängig gemacht auf Verletzung der Staatsreligion. Die einzelnen Punkte der Anklage waren, daß sie 1) die göttliche Einsetzung des Clerus, seine ununterbrochene Succession, seine hierarchische Gliederung und seine göttliche Vollmacht zum Regiment der Kirche bestritten hätten; 2) gegen das Sacrament der Eucharistie, die Brodverwandlungslehre, die Sacramente der Confession

---

*) Vergl. Condanna per reato di lesa religione dello Stato pronunciata contro gli Evangelici Avvocato Bonav. Mazzarella, Francesco Lagomarsino e Camillo Minetti. Torino 1857, nebst einer Aggiunta, ebendaselbst.

und Ordination, 3) gegen die Existenz der Hölle als eines ewigen
Straforts und 4) gegen die Anbetung der Bilder als gegen Götzen-
dienst aufgetreten seien. Belastungszeugen waren nur jene von
den Priestern entsandten Ruhestörer. Der genannte Vertheidiger,
Zuppetta, ein Katholik, durfte hier schon mit ganz anderem Frei-
muthe auftreten, als z. B. Maggiorani in dem Madiai'schen Processe. Das Zeugniß, das er für die drei Angeklagten öffentlich
ablegt, kann nicht ehrenvoller sein. Er bezeichnet sie als Männer
von bewährter Moralität, gediegener, fleckenloser Tugend, außerordentlich gemäßigt (uomini di specchiata morale, di salda e
emaculata virtù, uomini moderatissimi) und wagt es, die Evangelischen überhaupt ausgezeichnet musterhafte Leute zu nennen (uomini esemplarissimi). Auch scheut er sich nicht, die ganze Anklage als eine gehässige Priesterintrigue zu bezeichnen. Der Staatsanwalt trug nur auf 60 Franken und einen Tag Gefängniß für
Mazzarella, 51 Franken und einen Tag Gefängniß für Lagomarsino und 10 Franken und einen Tag Gefängniß für Minetti (weil
minderjährig) an; der Gerichtshof aber erkannte auf 200 Franken
und 5 Tage Gefängnißstrafe für Mazzarella und Lagomarsino
und auf 50 Franken und 3 Tage Gefängniß für Minetti.
Außerdem sollten die Verurtheilten die Proceßkosten tragen und
sich in Zukunft jedes Wortes und jeder Handlung enthalten,
wodurch direct oder indirect die Staatsreligion angegriffen würde.
Der Gerichtshof war so unvorsichtig, in sein Erkenntniß die Worte
aufzunehmen, „daß die Grundsätze der Staatsreligion sich in der
Bibel nicht angedeutet fänden" (i principii della religione
dello Stato non scorgonsi nella Bibbia accennati). Der Vertheidiger wies nachher mit Spott auf diesen Ausspruch hin. „Noch
hat die römische Kirche es nicht zum Glaubensartikel erhoben,
daß die Bibel in diametralem Gegensatz stehe mit den Grundsätzen
der katholischen apostolischen römischen Kirche; aber wenn Viele
sie ermuthigten durch Verbreitung solcher Grundsätze, wie sie der
Gerichtshof ausspricht, dann könnte sie sich vielleicht noch versucht
fühlen, im Namen Christi das Buch des Gottes der Christen zu
brandmarken (stimatizzare)!"

Von diesem Ausspruch des Provinzialgerichts von Alessandria appellirten die Verklagten an den Cassationshof von Casale. Außer dem Cassationsgesuche des Vertheidigers wurde noch von Mazzarella ein Schriftstück eingereicht, worin er für sich und seine Mitangeklagten das Recht der Duldung in Anspruch nimmt, welches ihnen als Dienern der evangelischen Kirche zustehe. Als solche erkennten sie innerhalb ihrer Gemeinschaft keine andere dogmatische Autorität an, als die Bibel. Nun seien aber die einzelnen Anklagepunkte nur wörtliche Citate aus der heiligen Schrift, was er im Einzelnen nachweist, durch Hindeutung auf Exodus 20, 4 u. 5; Joh. 4, 24; Matth. 11, 28; Luc. 5, 21 u. 24; 1 Joh. 1, 9; Matth. 15, 16 u. 17; Ephes. 5, 23; 1 Cor. 11, 3; 1, 11 u. 13; 1 Petr. 2, 25. 5, 1. Die Begründetheit des dritten Anklagepunktes läugnet er; es fiele keinem Evangelischen ein, die Existenz der Hölle als eines Straforts zu bestreiten. Endlich bezeugt er mit den Aposteln (Apostelgesch. 4, 19), daß er lieber Gefängniß und alle Leiden erdulden wolle, als daß er der Mahnung des Gerichtshofes von Alessandria Folge leiste, von seinem Glauben nicht Zeugniß abzulegen; denn man müsse Gott mehr gehorchen als den Menschen.

Trotz dieser Selbstvertheidigung bestätigte der Cassationshof von Casale den Ausspruch des Provinzialgerichts von Alessandria, und die Verurtheilten hatten ihre Strafe zu erleiden.

Seitdem ist nun unter dem Ministerium Rattazzi die verheißene Revision des Strafgesetzbuches vorgenommen worden. Der neue Strafcodex bedarf nur noch der Bestätigung der sardinischen Kammer und wird dieselbe wohl ohne Zweifel erlangen. In diesem Entwurf nehmen zunächst die Verbrechen gegen die Religion nicht mehr die erste Stelle ein, sondern folgen erst auf die Verbrechen gegen die äußere oder innere Sicherheit des Staates. Sodann handelt es sich nicht mehr nur um ein Verbrechen gegen die Staatsreligion, sondern das Capitel führt den Titel: Von den Verbrechen gegen die Staatsreligion und die andern Culte. Ferner zieht sich nach den neuen Bestimmungen der Staat aus dem Gebiete der Gewissenssachen immer mehr zurück: es werden eine

Menge Gesetzesübertretungen nicht mehr genannt, welche der alte Coder noch aufgeführt hatte. Das Strafmaß selbst ist bedeutend verringert. Das Zertreten geweihter Hostien wird nicht mehr mit den Tode bestraft, ist auch nicht mehr als ein besonderer Artikel, sondern unter dem Zertreten, Zerstören, Zerbrechen cultischer Gegenstände überhaupt aufgeführt und zieht nur Gefängniß= und Geld= strafe nach sich. Was aber für unser Interesse die Hauptsache ist: die Bestimmungen über Verbrechen gegen die Staatsreligion sind in fast völlig gleichem Maße auch auf die gegen die geduldeten Culte ausgedehnt. Dieselben Artikel, welche die freie Ausübung der Staatsreligion und die ihr schuldige Achtung sichern sollen, finden sich Wort für Wort wiederholt, wo es sich um die geduldeten Culte, ihre Gebräuche, Diener handelt; dieselben Strafen werden über die Zuwiderhandelnden verhängt, wie dort, mit der einzigen Ausnahme, daß Schmähungen gegen die Staatsreligion mit Geld= strafe bis zu 500 Franken und Gefängniß, Schmähungen dagegen wider die geduldeten Culte mit einer Buße bis 500 Franken oder Gefängniß bestraft werden.

Durch diese Bestimmungen werden hoffentlich bald die evan= gelischen Christen Piemonts vor gerichtlicher Verfolgung wie vor den Schmähungen und öffentlichen Insulten völlig gesichert sein, die religiöser Fanatismus so vielfach über sie hereingezogen hatte.

Es bleibt uns noch übrig, der Entwicklungen zu gedenken, welche durch die politischen Ereignisse des vorigen Jahres herbei= geführt worden sind. Es ist durch sie die Verbreitung der evan= gelischen Bewegung auch nach solchen Gegenden Italiens ermög= licht, wo bis dahin noch keine Aussicht dazu vorhanden war. Schon am 4. Juli 1859, vier Tage vor dem verhängnißvollen Waffenstillstande, erließ der Statthalter der Lombardei ein Decret: „In den lombardischen Provinzen sind vor dem Gesetz alle Bürger gleich, welchem religiösen Cultus sie auch angehören mögen; sie genießen alle bürgerlichen und politischen Rechte in gleichem Maße." Dasselbe geschah für die Romagna am 11. August. Seitdem die Lombardei, Parma, Modena und Toscana im factischen Besitze

von Piemont sind, gelten daselbst die Bestimmungen des sardini=
schen Strafcoder.

Sofort nach dem Frieden von Villafranca zogen Bibelcol=
porteure in die genannten Länder. In Mailand ist schon eine
kleine Gemeinde zusammengetreten; es arbeiten daselbst ein Evan=
gelist und ein besonders tüchtiger Colporteur. Zu Anfang mußte
der Evangelist seine Gemeinde in seinem eignen kleinen Zimmer
versammeln; dann gelang es ihm zu Anfang dieses Jahres, einen
Saal zu diesem Zwecke zu miethen. In demselben hielt einen
Monat lang de Sanctis aus Turin Gottesdienst. Auch besuchte
er Brescia und Bergamo, wo schon durch Colportage gewirkt
worden war. In letzterer Stadt versammelten sich über zwanzig
Zuhörer zu seiner Predigt, doch ist noch keine förmliche Gemeinde
zusammengetreten. Ein anderer Evangelist setzte sich in der Nähe
von Sarzana fest, in welcher Stadt sich schon eine von den
Waldensern gestiftete Gemeinde befindet. Ein zweiter Colporteur
wurde nach derselben Gegend geschickt, um von da das Herzogthum
Parma, die Umgebung von Massa und Carrara und die
Riviera di Levante zu besuchen. Drei Colporteure wirken in
der Lombardei. Auch in den Marken und der Romagna
wird colportirt, und es zeigt sich daselbst eine sehr lebhafte Nach=
frage nach der heiligen Schrift und nach Abhandlungen religiösen
Inhalts. Vom 20. Juli 1859 bis zum 16. Februar 1860 wur=
den in Piemont und der Lombardei 334 Bibeln, 434 Neue Testa=
mente, 119 Evangelien St. Lucä und Apostelgeschichten, 2646
Bücher und Tractate religiösen Inhalts und mehrere tausend Exem=
plare eines Almanachs verkauft, l'Amico di casa, der Hausfreund,
den de Sanctis in Turin herausgiebt und der für das Jahr 1860
in einer Auflage von 26000 Exemplaren gedruckt worden ist. Die
Früchte dieser Aussaat wird die Zukunft offenbaren. Man täusche
sich nicht durch zu hoch gespannte Erwartungen, glaube auch nicht,
daß die politischen Umwälzungen an sich irgend welchen fördern=
den Einfluß auf das Werk der Evangelisation ausübten: es sind
nur Schranken gefallen, die sich bisher diesem Werke entgegen=
gestellt hatten. Das tiefe Selbstbesinnen der Seele aber, aus dem

allein der Glaube an die rechtfertigende Gnade Gottes in Christo entkeimen kann, wird darum Niemandem erlassen, und dieses wird immer dem natürlichen Menschen bittersauer, ist aber besonders erschwert, wenn politische und andere Leidenschaften die leise Stimme des Herzens übertönen.

Die politischen Ereignisse des Jahres 1859 sind nun endlich auch für die Stellung der Evangelischen in Toscana von großer Bedeutung gewesen. Wir widmen diesen toscanischen Gemeinden zum Schluß noch eine eingehendere Betrachtung.

Wir haben Florenz verlassen, nachdem die dortige evangelische Gemeinde durch die heftigen Verfolgungen zum Theil auseinandergesprengt, zum Theil mit einem sehr geringen Reste in die tiefste Verborgenheit zurückgeschreckt worden war. In derselben erhielt sie sich bis auf die neueste Zeit. Ab und zu wagte es ein Waldenser-Geistlicher oder ein Abgesandter der Società Evangelica, heimlich die kleine Gemeinde zu besuchen; auch wurde in Toscana noch immer und nicht ohne Erfolg colportirt. Einmal haben sogar die verborgenen Gemeindlein Toscana's eine Collecte von 300 Franken gesammelt für Kirchenzwecke ihrer Brüder in Turin. Im Uebrigen aber verblieben sie ganz im Dunkel der Verborgenheit, verfolgt, geängstet, mannichfach hin und her getrieben. Meist verlautete auch nichts von den Betrübnissen, denen sie ausgesetzt waren. Nur einmal wurde wieder im Jahre 1855 ein solcher Fall auch in weiteren Kreisen bekannt.

Domenico Cecchetti, ein Arbeiter in der Cigarrenfabrik des Herrn Emanuel Fenzi und Comp. in Florenz, war Mitglied der dortigen evangelischen Gemeinde. Er galt für einen der besten Arbeiter, hatte auch, nebst seinen vier mutterlosen Kindern, einen guten Ruf bei seinen Nachbarn in der Taddeostraße. Einige derselben hatten durch die Kinder erfahren, daß der Vater mit ihnen und seinen Verwandten die Bibel lese, und mögen es, vielleicht in gut meinender Absicht, weiter erzählt haben. Von einem Küperlehrling wurde es wenigstens bekannt, daß er mit Hinblick auf die Cecchetti'sche Familie sich seinem Herrn gegenüber sehr günstig über das Bibellesen geäußert hatte. Da überraschten eines Abends um

9 Uhr, es war am 16. December 1854, Polizeiagenten die Familie in ihrer Wohnung. Sie fanden Cecchetti mit einem Freunde, Ciolli und seinen zwei Söhnen; eine geöffnete Bibel in der Diodatischen Uebersetzung lag auf dem Tisch, daneben eine geschlossene, und eine dritte fand sich in der Schublade. Die Bibeln wurden sofort confiscirt, Cecchetti nach dem Bargello abgeführt und ihm der Proceß gemacht. Es genügt, das gerichtliche Erkenntniß abzudrucken, um zu zeigen, wie grundlos die Verurtheilung war. „In Erwägung, daß die öffentliche Gewalt, als sie am 16. December 1854 in das Haus Cecchetti's drang, um dort Haussuchung zu halten, ihn in Gesellschaft seiner Söhne und Ciolli's traf, um einen Tisch sitzend, auf welchem eine von Diodati übersetzte Bibel geöffnet und eine andere geschlossen lag, eine dritte in der Schublade gefunden wurde —; in Erwägung, daß auf geschehene Nachfrage in Erfahrung gebracht ist, daß Cecchetti sich zu Grundsätzen hält und sie offen bekennt, die der römisch-katholischen Religion entgegengesetzt sind, Grundsätze, welche thatsächlich mit dem calvinischen Glauben übereinstimmen; in Erwägung, daß er diese Grundsätze Andern mitgetheilt und seinen nun 17jährigen ältesten Sohn nicht zu den von der römisch-katholischen Religion vorgeschriebenen Ceremonien angehalten, statt dessen seinen zwei ältesten Söhnen Bibeln angeschafft hat und sie seinen beiden jüngern Söhnen würde angeschafft haben, wenn er sie hätte bekommen können; in Erwägung, daß sich zu bestimmten Abenden Leute in seinem Hause einfanden, welche nicht zu seiner Familie gehören, und Grund ist anzunehmen, daß diese Versammlungen den Zweck hatten, die antikatholischen Ideen Cecchetti's zu verbreiten; daß Cecchetti selbst bekannt hat, daß, wenn er seinem Gebrauch zufolge Abends die Bibel gelesen habe und Fremde gegenwärtig gewesen, er ihnen auf ihr Verlangen die Schrift auszulegen sich nicht geweigert habe, da er es im Gegentheil für seine Pflicht halte, denen, die danach verlangen, eine solche Belehrung zu geben; in Erwägung, daß es nothwendig erscheint, die Bemühungen Cecchetti's zur Beschädigung der römisch-katholischen Kirche zu vereiteln, wird, in Ansehung des Gesetzes vom 16. November 1852, Domenico Cecchetti zu einem

Jahre Zuchthaus verurtheilt." Cecchetti wurde in Ketten auf die
Eisenbahn nach Livorno und dann in das Strafhaus von Am-
brogiana bei Monte-Lupo gebracht. Der Verwendung des britti-
schen Gesandten Lord Normanby hatte er es zu verdanken, daß er
unter der Bedingung begnadigt wurde, während der restirenden
Strafzeit das Großherzogthum nicht zu betreten.

Während so die äußere Stellung der Evangelischen in Florenz noch immer vielfach gefährdet war, verlief auch das innere
Leben nicht völlig normal. Ihre tüchtigsten und vermöge ihrer
Tüchtigkeit gerade die leitenden Glieder waren ihnen entzogen,
theils durch die obrigkeitliche Gewalt direct, theils weil sie sich zu
befürchtenden Nachstellungen nicht aussetzen wollten. Die zurück-
gebliebene kleine Zahl, die sich um der gefährlichen Zeiten willen
auch nicht organisiren konnte, war daher ziemlich ungeordnet
allen Stürmen ausgesetzt. Allmälig geriethen sie unter den Einfluß zweier unverheiratheter englischer Damen, die sich wohlmeinend
und mit anerkennungswerther Treue, durch die fremde Nationali-
tät mehr geschützt, ihrer annahmen, aber leider stark plymouthistisch
gefärbt waren. Sie gaben, die eine mehr, die andere weniger, der
bestehenden und allerdings momentan von der Noth der Zeit an-
gerathenen Formlosigkeit der Gemeinde eine principielle Grundlage.
Feste Aemter sollte es nach diesen Anschauungen nicht geben; Alles,
was zur Erbauung und Gestaltung der Gemeinde erforderlich wäre,
würde jedesmal der heilige Geist mittels der nie versiegenden
Gnadengaben offenbaren und in's Werk setzen. Aber diese Ansich-
ten stießen doch mit der Zeit bei den evangelischen Christen in
Florenz selbst auf Widerspruch. Ein beträchtlicher Theil forderte
eine Organisation der Gemeinde, zunächst durch Erwählung von
bestimmten Anzianen und Diaconen. Die Frage erregte eine heftige Gährung; schroff standen sich die beiden Parteien gegenüber; eine der zwei Damen selbst schlug sich zu der mehr ge-
ordneten Ansicht. Im Herbst des Jahres 1858 kam es zum
Bruch. Es bestanden nun zwei evangelische Gemeinschaften in
Florenz, von denen die eine sich ganz der unmittelbaren Wirkung des heiligen Geistes hingab, die andere durch Erwählung

von Aeltesten und Diaconen sich eine menschlich vermittelte Ord=
nung schuf.

So bedauerlich standen die Dinge, als der franco=sardische
Krieg über Italien hereinbrach. Am 27. April 1859 verließ Groß=
herzog Leopold seine Residenz. Von der die Staatszügel ergreifen=
den provisorischen Regierung ließ sich größere Toleranz erwarten.

Sofort sandten die Waldenser einen Geistlichen nach dem im
Jahre 1851 unter so unerfreulichen Umständen verlassenen Posten.
Es war derselbe Herr Malan, der damals mit seiner Familie so
plötzlich aus Florenz ausgewiesen wurde. Er eröffnete einen ita=
lienischen Gottesdienst in der Schweizerkapelle, welche unter dem
Schutze der preußischen Gesandtschaft steht. Zugleich wurde von
den Waldensern die Gründung einer Elementarschule in's Auge
gefaßt für die Kinder der in Florenz lebenden Evangelischen. Man
berief zu diesem Behufe einen Mann, der schon seit längerer Zeit
dem evangelischen Glauben ergeben war, den Professor Giuseppe
Borioni. Aus Rom gebürtig, Bruder des gegenwärtigen Bischofs
von Loreto, von tüchtiger litterarischer und wissenschaftlicher Bil=
dung, hatte er sich schon seit 25 Jahren dem Studium der heiligen
Schrift ergeben und war in seinem Herzen längst Protestant, ehe
er durch einen äußern Schritt diese innere Stellung öffentlich be=
kundete. Dieses geschah im Jahre 1849 in Genua. Auf wieder=
holten Reisen durch Frankreich, Deutschland, die Schweiz lernte er
die verschiedensten kirchlichen Gemeinschaften kennen und erhielt sich
dadurch eine weite, freie kirchliche Anschauung, ohne allen Anflug
jenes engen sectirerischen Geistes, dem kleine Gemeinwesen so leicht
anheimfallen. Viel äußeres Kreuz trieb ihn in die Stille seiner
Seele; in seinem gebrochenen Leibe wohnt ein für Christi Sache
glühender Geist. Nur auf Krücken vermag er sich vorwärts zu
bewegen, sein Auge ist für gewöhnlich matt und trübe; wenn er
aber redet, so blitzt es in feurigem Glanze.

Er widmete seine Kraft nicht allein der Organisation der
Schule, sondern eröffnete sofort nach seiner Ankunft im August
auf Piazza Barbano in einem geräumigen Saale einen Gottes=
dienst, wozu er beide Parteien der Evangelischen einlud. Seiner

glühenden und wahrhaft hinreißenden Beredtsamkeit gelang es, die Gegensätze zu vermitteln. Man vergaß die vorgefallenen Zwistigkeiten und fand sich alleabendlich gemeinsam zu dem Gottesdienste auf Piazza Barbano ein.

Am 10. November konnte trotz aller Verdächtigungen und Verläumdungen von clericaler Seite die evangelische Knabenschule eröffnet werden. Gegen 20 Kinder empfingen täglich sechs Unterrichtsstunden in einem hellen, gesunden Zimmer. Vorioni hatte allein allen Unterricht zu versehen und daneben noch fast täglich Predigt und mannichfache kirchliche Geschäfte!

Im November kam Mazzarella aus Genua nach Florenz. Er predigte drei Monate lang unausgesetzt auf Piazza Barbano, und seine altbewährte Macht der Rede zog gewaltig heran. Der gemiethete Saal faßte gegen 500 Personen, aber je länger Mazzarella redete, um so mehr wuchs die Zahl derer, welche vor Thüren und Fenstern standen und lauschten, weil sie in dem gedrängten Raume keinen Platz mehr hatten finden können. „Welches Glück zu hören, daß wir aus Gnade selig werden!" rief einmal ein alter Mann während der Predigt bewegt aus. Der Andrang war so bedenklich, daß die kirchlichen Behörden ihn hemmen zu müssen glaubten. Der Erzbischof von Pisa forderte den Baron Ricasoli auf, den Gottesdienst der Evangelischen zu schließen und Mazzarella auszuweisen. Ricasoli, der persönlich später in vielen Fällen große religiöse Duldsamkeit bekundet hat, sah doch, bei der damaligen Unsicherheit der politischen Lage Toscana's, keinen Ausweg. Als die Protestanten im Januar 1860 an einem Sonntag Abend nach der Piazza Barbano kamen, fanden sie ihr Local geschlossen. Mazzarella war ersucht worden, einstweilen Florenz zu verlassen.

Diese Erfahrung war viel weniger betrübend, als was sich die Evangelischen durch eigne Schuld zuzogen. Die alten Zwistigkeiten brachen wieder hervor, und ein neuer Riß spaltete die eben geeinte Gemeinde in zwei Theile. Wieder war es die leidige Verfassungsfrage, der Vorschlag, der ganzen Gemeinde Aelteste zu setzen, wodurch der Zwiespalt hervorgerufen wurde. Der eine Theil zog nun nach der Casa Schneider am Lung-Arno, während der andere seine Gottesdienste in einen geräumigen schönen Saal in der Via Barriera verlegte. Ohne kirchlichen Einheitspunkt arbeitete man neben einander fort und erregte eben dadurch bei den katholischen Mitbürgern mehr Verdacht, als daß eine große Anziehung stattgefunden hätte.

Neben diesen zwei Parteien bestand nun immer noch der waldensische Gottesdienst. Jene Abtrennung der einer mehr nationalen Propaganda ergebenen Italiener von den Waldensern im Jahre 1854 hatte auch nach Florenz hin Wirkung gehabt. Nur standen sich Waldenser und die mehr organisirte Gemeinschaft der Florentiner Evangelischen näher; Borioni war vermittelndes Glied: er predigte sowohl bei den Einen wie bei den Andern. Jene bedauerliche vielbesprochene Uebereilung des Herrn Malan, daß er, ehe noch die Annexion Toscana's an Piemont vollzogen war, in der preußischen Kapelle für Victor Emanuel betete, hatte zur Folge, daß der preußische Gesandte sowohl gegen das weitere Auftreten des piemontesischen Predigers, als gegen jeden italienischen Gottesdienst in der Schweizerkirche protestirte. Malan verließ Florenz, und die italienischen Besucher der Kapelle mußten einstweilen auf Piazza Barbano ihr religiöses Bedürfniß befriedigen. Im October 1859 kam aber ein neuer Abgesandter der Waldenser nach Florenz, Herr Oscar Concourd, dem trotz der ausgesprochenen Wünsche des preußischen Gesandten von dem Consistorium der Schweizerkirche die Kapelle wieder zur gottesdienstlichen Benutzung übergeben ward.

Der einzige Einigungspunkt, welcher bisher noch diese drei verschiedenen Gemeinschaften verband, war die von Borioni geleitete Schule. Die Eltern von allen drei Genossenschaften sandten ihre Kinder dahin und gaben so doch wenigstens nach dieser Seite hin ein Zeugniß von Einmütigkeit. Es sind jetzt 30 Knaben in der Schule; der Unterricht erstreckt sich auf die italienische Sprache, Grammatik und Composition, Schreiben, Lesen, vaterländische und biblische Geschichte, biblische und profane Geographie, Arithmetik und Geometrie, Religion, wobei die Diodatische Bibel und die italienische Uebersetzung eines waldensischen Katechismus zu Grunde

gelegt wird. Außerdem werden Gesang= und gymnastische Uebungen
angestellt. Das Schulgeld ist außerordentlich gering, 1½ bis 5 Paul
(6 Silbergroschen bis 1 Thaler) monatlich, je nach den Vermögens=
umständen der Eltern; wo gar keine Mittel vorhanden sind, wird
der Unterricht auch unentgeltlich ertheilt. In gleicher Weise hat
im Juli dieses Jahres auch eine evangelische Mädchenschule eröffnet
werden können, der eine italienische Lehrerin vorsteht; die Zahl der
Schülerinnen belief sich zum Beginn auf acht.

Die neuesten Nachrichten aus Florenz lauten nun etwas erfreu=
licher. Zunächst hat sich die schon der Ordnung mehr zugeneigte
Gemeinschaft in Florenz eine definitive Verfassung gegeben. Die
Bestimmungen sind aufgestellt in einem gedruckten Programm:
„Regolamento organico per la Chiesa evangelica libera italiana
che è in Firenze. Organische Ordnung für die freie italienische
evangelische Kirche in Florenz." Es sind Aelteste erwählt worden,
um die Kirche „zu ordnen, zu leiten und zu weiden"; „einer unter
ihnen wird den Versammlungen der Kirche vorsitzen und als oberster
Leiter (sorvegliatore) der Kirche anerkannt werden." Außerdem
sind aus der Zahl der Aeltesten Evangelisten gewählt, welche das
Wort zu verkündigen haben „unter den Nichtgläubigen, wohin
immer die Kirche sie schicken mag". Die Diaconen endlich haben
„in Uebereinstimmung mit den Aeltesten für die Verwaltung der
Kirche zu sorgen", indem sie die Opfergaben einsammeln, für die
laufenden Ausgaben Sorge tragen, den bedürftigen Kranken,
Wittwen und Waisen der Kirche Hülfe bringen. Aus der Zahl
der Aeltesten sind zwei Commissionen gewählt von je drei Mit=
gliedern, um die Kirche zu vertreten, die eine der Regierung gegen=
über, die andere bei den verschiedenen evangelischen Kirchen und
Gesellschaften des In= und Auslandes.

Was aber noch größere Bedeutung hat, ist folgende dem Ver=
fasser auf Privatwege zugegangene Nachricht. Die wichtigsten und
einflußreichsten Glieder aller drei Congregationen sind nach vielen
Mühen und Ungewißheiten endlich zusammengetreten und haben
für die drei Kirchen ein Vereinigungscomité gebildet. Die zu
erzielende Einigung soll auf dem Grunde der Presbyterialverfassung

vollzogen werden. Von Seiten der Waldenser sind Mitglieder des Comité's die Herren Coucourd und Pinelli, für die eben neu constituirte Gemeinschaft von Via Barriera Professor Borioni und Ligozzi, für die dritte, noch am wenigsten geordnete, Herr de Fabbroni. Sein Beitritt ist darum von solcher Bedeutung, weil er beweist, daß auch diese dritte, der Zahl nach stärkste Gemeinschaft einer endlichen Organisation auf Grund der Presbyterialverfassung nicht verschlossen ist, ja ihr vielleicht schon jetzt zustrebt. Möge der allmächtige Gott sich über die armen zerrissenen Kirchen erbarmen und die Bemühungen dieser Männer segnen! Die Zukunft des Evangeliums in Florenz hängt zum großen Theil davon ab, ob das erstrebte Ziel erreicht wird oder nicht.

Inzwischen sind noch zwei für Florenz und die Sache des Evangeliums wichtige Ereignisse eingetreten. Die Herren Professoren Revel (der noch eben in Ulm bei der Versammlung des Gustav-Adolphs-Vereins die Waldenser-Kirche vertreten hat) und Geymonat (der 1851 in Ketten über die toscanische Grenze geführt wurde) sind gemäß dem erwähnten Beschlusse der letzten waldensischen Synode mit ihrer theologischen Schule, d. h. acht Studenten der Theologie, in Florenz eingetroffen. Ihre Thätigkeit wird in diesem Winterhalbjahre schon beginnen. Wer hätte noch vor zwei Jahren geglaubt, daß eine, wenn auch noch so kleine, evangelisch-theologische Hochschule in Florenz eine Stätte finden würde!

Außerdem hat Pastor Disselhoff aus Kaiserswerth im September ein Diaconisseninstitut in Florenz eröffnet zur Erziehung und Bildung von Töchtern evangelischer Familien in Italien. Drei Diaconissen aus Kaiserswerth leiten die Anstalt. Pastor Disselhoff konnte zum ersten Male den evangelischen Brüdern Italiens aus Deutschland schriftliche Grüße von größeren kirchlichen Gemeinschaften überbringen: die westphälische Provinzialsynode und die Düsseldorfer evangelische Gesellschaft hatten ihm Schreiben der brüderlichen Theilnahme an alle Evangelische Italiens mitgegeben. Die Düsseldorfer evangelische Gesellschaft warnt die Bekenner der Schriftwahrheit, daß sie sich nicht verleiten lassen möchten, bei der Vollziehung der Gerichte Gottes selbstthätig mit Hand

anzulegen; sie erinnert an das Wort: Lasset uns wachen und
nüchtern sein! (1 Thess. 5, 6.) Die dankbaren Erwiderungen aus
allen Theilen der Halbinsel für dieses Zeichen der Liebe werden
nicht lange auf sich warten lassen. Möchte sich ein immer regerer
Verkehr zwischen unserer deutschen Kirche und den Bekennern des
Evangeliums in Italien eröffnen! Reichlicher Segen würde beiden
Theilen daraus erwachsen.

Seit der neuen Ordnung der Dinge hat nun auch das evan=
gelische Leben, welches außerhalb Florenz in Toscana erwachsen
war, an's Licht treten und größere Ausdehnung gewinnen können.
Schon im December 1859 verschmähte es der Cardinal=Erzbischof
Corsi von Pisa nicht, den Präsidenten der toscanischen Regierung,
Baron Ricasoli, um die weltliche Hülfe anzugehen gegen das Um=
sichgreifen der evangelischen Bewegung in seiner Stadt. Schon
früher hatte er sich über die erweiterte Religionsfreiheit und beson=
ders über die immer größere Ausdehnung gewinnende Bibelver=
breitung beschwert; „er fühle, da der katholische Glaube in Gefahr
sei, sich zu dem muthigen Eifer verpflichtet, mit dem es sich zieme
die Schlachten des Herrn zu schlagen; er habe sich durch bischöf=
liche Consecration den Aengsten geweiht, den Mühen, den Ver=
folgungen, dem Märtyrertod." Die Regierung antwortete, nach
einer Abweisung des Verlangens nach dem Martyrium, mit einer
öffentlichen Auseinandersetzung des Verhältnisses zwischen Staat
und Kirche; die freie Ausübung auch akatholischer Culte zu gestatten,
wurde aus diesen Betrachtungen als Staatspflicht gefolgert.

Nun beklagte sich der Erzbischof speciell über die evangelischen
Regungen in seiner Stadt. „Schon seit geraumer Zeit habe ein
gewisser A. G., ein Schuhmachermeister, sich erlaubt eine öffentliche
Schule zu errichten, in welcher häufige Versammlungen stattfänden
zur Verkündigung von Lehren, die denen der Katholischen Apo=
stolischen Römischen diametral entgegengesetzt seien. Eine Menge
Handwerker und armer Leute nähmen an diesen Versammlungen
Theil. Nicht einmal die Oeffentlichkeit werde gescheut. Habe man
doch gewagt, am Weihnachtsfest, während Seine Eminenz selbst
in Seiner erzbischöflichen Kirche das Hochamt celebrirte, in jenem

Locale eine solche religiöse Versammlung zu halten!" Die Regierung antwortete durch Stillschweigen. Einen förmlichen Proceß, den die Curie und das Seminar gegen die Evangelischen in Pisa erhoben, schlug sie nieder.

Inzwischen erhielt die Gemeinde von Pisa, die bisher für die geistliche Pflege nur auf den blinden Schuhmacher und auf die Besuche des Waldenser = Geistlichen Herrn Concourd aus Florenz angewiesen war, einen ständigen Geistlichen in der Person des Herrn Jean Ribet aus den Thälern. Seiner Sorge wurden auch die evangelischen Christen von Livorno überwiesen, die er zweimal jede Woche besuchte und zum Gottesdienste versammelte. Zu den Gottesdiensten in allen drei genannten Städten finden sich zahlreiche Landleute, oft aus weiter Ferne, ein; mit der Zeit werden auf dem Lande selbst immer mehr Gemeinden entstehen. Manche Städte verlangen freiwillig nach evangelischen Predigern, so Piacenza und Lucca. Das Werk des Bibelverkaufs durch verschiedene Gesellschaften hat in Toscana überraschende Ausdehnung gewonnen. Eine einzige Gesellschaft, das italienische Comité zu Genf unter dem Vorsitz des Herrn Oberst Henry Tronchin, hat in sieben Wochen 197 Bibeln, 359 Neue Testamente, 349 religiöse Bücher oder Tractate und gegen 2300 Almanache von de Sanctis verkauft.

Einmal noch sollte endlich trotz der von den Behörden proclamirten Religionsfreiheit religiöse Intoleranz die freie Ausübung des evangelischen Cultus hemmen. Am 17. März ließ sich in Livorno der Delegat einen Evangelischen kommen, Herrn Pinelli, der, aus einer angesehenen Familie stammend, durch seinen Uebertritt zum Protestantismus Enterbung und Zerwürfniß mit seinem väterlichen Hause auf sich gezogen hat (derselbe, der jetzt in Florenz ein Glied des Einigungscomité's ist), und verbot ihm, fernerhin den Evangelischen sein Quartier zum Gottesdienste zu gewähren. Herr Ribet, der waldensische Geistliche, hielt die Versammlungen nun in einem andern Local, beschwerte sich aber bei dem Cultusminister Salvagnoli über diese willkürliche Handlungsweise der Behörde. Darauf wurde noch ein anderes Glied der Gemeinde,

Herr Vigo, von dem Delegaten vorgefordert und ihm bedeutet, er habe sich bei Strafe der Verbannung und des Kerkers aller Theil= nahme an dem evangelischen Cultus zu enthalten. Am 27. März versammelte sich ein Haufe Volks, geführt von einigen jungen Leuten aus höheren Ständen, von denen einer schon früher in die protestantische Kapelle eingebrochen war, vor dem Hause, in welchem von den Brüdern Gottesdienst gehalten wurde, und begann auf tumultuarische Weise unter Pfeifen und Schreien die Gemeinde zu bedrohen. Zugleich trat eine Schaar Carabinieri in den Saal ein und erklärte die Versammlung für geschlossen. Herr Ribet erhielt am 29. März den Befehl, Livorno auf acht Tage zu ver= lassen, und Pasquale Vigo wurde durch Ordre des Delegaten auf 12 Stunden in Stubenarrest gehalten. Letzterer recurrirte sofort an den Gouverneur von Livorno, und Ribet eilte nach Florenz, um bei Ricasoli selbst seine Sache zu vertreten. Am 10. Mai erhielt er eine Audienz, wo er die ganze Angelegenheit ausführlich berichten mußte und von Ricasoli die Versicherung empfing, er werde unverzüglich die nöthigen Maßregeln ergreifen, daß die evangelische Kapelle in Livorno wieder eröffnet werden könne; es sei sein Stolz, ein eifriger Freund der Gewissens= und Religions= freiheit zu sein. Am 19. Mai kündigte ein eigenhändiges Schreiben des Governatore Generale Ricasoli dem Herrn Ribet an, er dürfe ungehindert in der Ausübung des evangelischen Gottesdienstes in Livorno fortfahren. Und seitdem hat derselbe weder in dieser Stadt noch sonst wo eine Unterbrechung erfahren. Möge der Schutz der Gesetze, der jetzt den Evangelischen meist so bereitwillig gewährt wird, ihnen noch fernerhin und in immer vollerem Maße zu Theil werden!

Wir stehen am Schlusse unserer Umschau auf den weiten, nur hie und da spärlich mit frischem Grün bedeckten Gefilden Italiens. Schon mancher Sturm ist über die junge Saat dahingefahren; mancher Halm ist geknickt, mancher, weil er nicht tief genug gewurzelt war, von des Sturmes Gewalt herausgerissen und auf dürres Erdreich geworfen, wo er vertrocknen muß. Aber im Ganzen grünt und blüht und sproßt es doch fröhlich weiter. Sind auch hin und wieder krankende Stellen, so reinigt, heilt, kräftigt doch die Segenshand von oben. Wohl ist es möglich, daß den Evangelischen in Italien und zumal in den Staaten, wo die politischen Verhält= nisse noch nicht definitiv geordnet sind, wieder Zeiten bittrer Angst und Noth bevorstehen; vielleicht brechen schon bald die Wetter der Trübsal und Verfolgung über sie herein. Möchten sie dann gewappnet sein und fest stehen in dem Herrn, dessen Kreuz unsere Stärke ist! Aber vielleicht bleibt ihnen Friede, vielleicht heißt es noch über das ganze, jetzt in Eiteldienst dahingegebene Volk: Hebe deine Augen auf und siehe umher: diese alle versammelt kommen zu dir. Dann wirst du deine Lust sehen und ausbrechen, und dein Herz wird sich wundern und ausbreiten, wenn sich die Menge am Meer zu dir bekehret und die Macht der Völker zu dir kommt. Dann, und nur dann, hat Italien wieder eine Zukunft, kann sein Volk wieder eine einige, mächtige Nation werden, wenn es sich zu dem lebendigen Gott bekehrt, dessen eingeborner Sohn sein Blut hat dahinströmen lassen, auf daß er uns selig machte aus lauter Gnade. Der Krebsschaden des italienischen Volks ist sein Unglaube und sein todter Aberglaube. Nur die lautere Predigt des Evan= geliums in seiner Kraft und Weisheit vermag diese Feinde zu fällen. Möge Gott den Mund seiner Boten weit aufthun, daß sie von seiner herrlichen Gnade fröhlich predigen; möge er immer mehr Arbeiter senden in seinen Weinberg, damit das arme Volk endlich herausgerettet werde aus seinem Elende und sich bekehre zu dem Herrn und seinem Christ!

Druck der Engelhard-Reyher'schen Hofbuchdruckerei in Gotha